中等职业教育汽车专业技能课教材

Qiche Weixiu Jiedai Shiwu

汽车维修接待实务
（第2版）

全国交通运输职业教育教学指导委员会　组织编写
中国汽车维修行业协会
王彦峰　主　编

人民交通出版社股份有限公司
北京

内 容 提 要

本书是中等职业教育汽车专业技能课教材,主要内容包括:汽车维修服务概述、维修服务人员商务礼仪、维修服务流程控制、维修接待的服务营销、常见维修服务项目接待、客户关系管理、维修服务接待的商业素养提升与职业发展。

本书可作为中等职业学校汽车服务与营销专业核心教材,也可作为汽车维修服务接待人员在职培训及自学指导用书。

图书在版编目(CIP)数据

汽车维修接待实务/王彦峰主编. —2版. —北京:
人民交通出版社股份有限公司,2021.8(2024.12重印)
中等职业教育汽车专业技能课教材
ISBN 978-7-114-17603-6

Ⅰ.①汽… Ⅱ.①王… Ⅲ.①汽车维修业—商业服务—中等专业学校—教材 Ⅳ.①U472.31

中国版本图书馆 CIP 数据核字(2021)第 189551 号

书　　名:汽车维修接待实务(第2版)
著 作 者:王彦峰
责任编辑:戴慧莉
责任校对:孙国靖　魏佳宁
责任印制:刘高彤
出版发行:人民交通出版社股份有限公司
地　　址:(100011)北京市朝阳区安定门外外馆斜街 3 号
网　　址:http://www.ccpcl.com.cn
销售电话:(010)85285911
总 经 销:人民交通出版社股份有限公司发行部
经　　销:各地新华书店
印　　刷:北京市密东印刷有限公司
开　　本:787×1092　1/16
印　　张:12.75
字　　数:236 千
版　　次:2017 年 8 月　第 1 版
　　　　　2021 年 8 月　第 2 版
印　　次:2024 年 12 月　第 2 版　第 3 次印刷　总第 5 次印刷
书　　号:ISBN 978-7-114-17603-6
定　　价:33.00 元

(有印刷、装订质量问题的图书,由本公司负责调换)

中等职业教育汽车专业技能课教材编审委员会

主　　任：王怡民(浙江交通职业技术学院)
副 主 任：刘建平(广州市交通运输职业学校)　　杨经元(云南交通技师学院)
　　　　　赵　琳(北京交通运输职业学院)　　　张京伟(中国汽车维修行业协会)
　　　　　陈文华(浙江交通职业技术学院)　　　王凯明(中国汽车维修行业协会)
特邀专家：朱　军(中国汽车维修行业协会)　　　魏俊强(北京祥龙博瑞汽车服务有限公司)
　　　　　张小鹏(庞贝捷漆油(上海)有限公司)　刘　亮(麦特汽车服务股份有限公司)
委　　员：(按姓氏笔画排序)
　　　　　毛叔平(上海市南湖职业学校)　　　　王　健(贵阳市交通技工学校)
　　　　　王彦峰(北京交通运输职业学院)　　　王　强(贵州交通职业技术学院)
　　　　　占百春(苏州建设交通高等职业技术学校)　刘新江(四川交通运输职业学校)
　　　　　刘宣传(广州市公用事业技师学院)　　齐忠志(广州市交通运输职业学校)
　　　　　吕　琪(成都工业职业技术学院)　　　李　青(四川交通运输职业学校)
　　　　　李雪婷(成都汽车职业技术学校)　　　李春生(广西交通技师学院)
　　　　　李文慧(新疆交通职业技术学院)　　　李　晶(武汉市东西湖职业技术学校)
　　　　　陈　虹(浙江交通技师学院)　　　　　陈文均(贵州省交通运输学校)
　　　　　陈社会(无锡汽车工程高等职业技术学校)　张　炜(青岛交通职业学校)
　　　　　杨永先(广东省交通运输高级技工学校)　杨承明(杭州技师学院)
　　　　　杨建良(苏州建设交通高等职业技术学校)　杨二杰(四川交通运输职业学校)
　　　　　陆松波(慈溪市锦堂高级职业中学)　　何向东(广东省清远市职业技术学校)
　　　　　邵伟军(杭州技师学院)　　　　　　　周志伟(深圳市宝安职业技术学校)
　　　　　林育彬(宁波市鄞州职业高级中学)　　易建红(武汉市交通学校)
　　　　　林治平(厦门工商旅游学校)　　　　　胡建富(浙江交通技师学院)
　　　　　赵俊山(济南理工中等职业学校)　　　荆叶平(上海市交通学校)
　　　　　郭碧宝(广州市交通技师学院)　　　　姚秀驰(贵阳市交通技工学校)
　　　　　崔　丽(北京市丰台区职业教育中心学校)　曾　丹(佛山市顺德区中等专业学校)
　　　　　蒋红梅(重庆市立信职业教育中心)　　喻　媛(柳州市交通学校)

第2版前言 Preface

  本套由全国交通运输职业教育教学指导委员会、中国汽车维修行业协会组织编写的教材，自2017年3月出版以来，多次重印，被全国多所中等职业学校选为教学用书，受到了广大师生的好评。

  为了体现职业教育理念，贴近汽车运用与维修专业实际教学目标，促进"教、学、做"更好地结合，突出对学生实践能力的培养，使之成为技能型人才，2020年11月，人民交通出版社股份有限公司吸取教材使用学校的意见和建议，组织相关老师，经过认真研究和充分讨论，确定了修订方案，对本套教材进行了修订。通过教材修订，使教材在结构和内容上与教学内容更加吻合。

  《汽车维修接待实务（第2版）》是其中的一本。此次修订在调研了奔驰、丰田、斯巴鲁、北汽新能源等汽车品牌维修服务接待岗位的基础上，结合汽车行业的发展趋势和对维修服务接待岗位的新要求，对教材进行了如下修订：

  1. 删除了大量过时的数据和陈旧的内容；

  2. 增加了新能源车维修接待、售后技术产品的价值创造与营销、服务顾问商业知识提升、神秘客户拜访、客户典型异议应对等新内容；

  3. 结合课程思政，增加了维修接待岗位的职业素养和自我能力提升等内容；

  4. 配套的电子课件也进行了修订，并将思考与练习的参考答案添加到配套电子课件中供教师参考。

  本书由北京交通运输职业学院的王彦峰担任主编。本书的编写分工为：北京交通运输职业学院王彦峰编写了单元一、单元三、单元四、单元五，北京交通运输职业学院倪颐编写了单元二，北京交通运输职业学院的唐晓蕾编写了单元六，北京交通运输职业学院的杨国锋编写了单元七。

  限于编者水平，书中难免有不当之处，敬请广大院校师生提出意见和建议，以便再版时完善。

作　者
2021年4月

第1版前言

为深入贯彻落实全国职业教育工作会议精神和《国务院关于加快发展现代职业教育的决定》，促进职业教育专业教学科学化、标准化、规范化，教育部组织制定了《中等职业学校专业教学标准（试行）》。全国交通运输职业教育教学指导委员会具体承担了汽车运用与维修（专业代码082500）、汽车车身修复（专业代码082600）、汽车美容与装潢（专业代码082700）、汽车整车与配件营销（专业代码082800）4个汽车类专业教学标准的制定工作。

根据教育部《关于中等职业教育专业技能课教材选题立项的函》（教职成司函[2012]95号）文件精神，人民交通出版社申报的上述4个汽车类专业技能课教材选题成功立项。

2014年10月，人民交通出版社联合全国交通运输职业教育教学指导委员会、中国汽车维修行业协会在北京召开了"教育部中等职业教育汽车专业技能课教材编写会"，并成立了由全国交通运输职业教育教学指导委员会领导、中国汽车维修行业协会领导、知名汽车维修专家及院校教师组成的教材编审委员会。会上，确定了4个汽车类专业34本教材的编写团队及编写大纲，正式启动了教材编写。

教材的组织编写，是以教育部组织制定的4个汽车类专业教学标准为基本依据进行的。教材从编写到成稿形成以下特色：

1. "五位一体"的编审团队。从组织编写之初，就本着"高起点、高标准、高要求"的原则，成立了由国内一流的院校、一流的教师、一流的专家、一流的企业、一流的出版社组成的五位一体的编审团队。

2. 精品化的内容。编审团队认真总结了中职院校的优秀教学成果，结合了企业的职业岗位需求，吸收了发达国家的先进职教理念。教材文字精练、插图丰富，尤其是实操性的内容，配了大量实景照片。

3. 理实一体的编写模式。教材理论内容浅显易懂，实操内容贴合生产一线，将知识传授、技能训练融为一体，体现"做中学、学中做"的职教思想。

4. 覆盖全国的广泛适用性。本套教材充分考虑了全国各地院校的分布和实际情况,涉及的车型和设备具有代表性和普适性,能满足全国绝大多数中职院校的实际需求。

5. 完善的配套。本套教材包含"思考与练习""技能考核标准",并配有电子课件和微视频,以达到巩固知识、强化技能、易教易学的目的。

《汽车维修接待实务》是本套教材中的一本。与传统同类教材相比,本书是在广泛调研的基础上,立足于汽车维修服务接待岗位的典型工作任务和维修服务顾问的职业生涯发展进行编写,第一次将汽车服务接待的服务理论和营销理论与客户接待及车辆服务的流程、技巧进行有机结合,通过系统的知识体系给读者以知识和技能提高的支持,内容贴合实际,可操作性强,可以实现读者零距离地学习汽车服务接待技能。

本书的编写分工为:北京交通运输职业学院王彦峰编写了单元一、单元四、单元五、单元六,北京交通运输职业学院李旭编写了单元二,北京交通运输职业学院的倪颐编写了单元三,北京交通运输职业学院的唐晓蕾编写了单元七,北京交通运输职业学院的杨国锋编写了单元八。全书由北京交通运输职业学院的王彦峰担任主编。

限于编者水平,又是完全按照新的教学标准编写,书中难免有不当之处,敬请广大院校师生提出意见和建议,以便再版时完善。

中等职业教育汽车专业技能课教材
编审委员会
2016 年 3 月

目录 Contents

单元一　汽车维修服务概述 1
　一、汽车维修行业与企业认知 1
　二、汽车维修接待岗位认知 10
　单元小结 14
　思考与练习 14

单元二　维修服务人员商务礼仪 16
　一、维修服务接待人员的礼仪认知 16
　二、汽车维修服务接待礼仪 21
　三、维修服务接待人员的礼仪操作要点 30
　四、维修服务接待的典型场景礼仪 35
　单元小结 36
　思考与练习 37

单元三　维修服务流程控制 38
　一、预约流程的控制及结果评价 39
　二、维修接待准备 49
　三、客户接待及维修工单制作 51
　四、车间维修与维修进度监控 81
　五、质量控制与客户车辆交付准备 86
　六、客户车辆交付和结算 91
　七、客户售后跟踪 96
　八、非活跃售后服务客户的服务提醒 99
　单元小结 103
　思考与练习 104

单元四　维修接待的服务营销 105
　一、服务营销概念 105
　二、汽车精品及养护品销售 112
　三、技术营销 118
　单元小结 119

思考与练习 …………………………………………………………………… 120
单元五　常见维修服务项目接待 ……………………………………………… 121
　　一、维修项目接待概述 ……………………………………………………… 121
　　二、发动机项目的维修接待问诊 …………………………………………… 125
　　三、传动系统项目的维修接待问诊 ………………………………………… 126
　　四、底盘系统项目的维修接待问诊 ………………………………………… 127
　　五、电气系统项目的维修接待问诊 ………………………………………… 128
　　六、事故车项目的维修接待 ………………………………………………… 129
　　七、维护车辆的维修接待 …………………………………………………… 132
　　八、新能源汽车的维修接待 ………………………………………………… 142
　　单元小结 ……………………………………………………………………… 145
　　思考与练习 …………………………………………………………………… 145
单元六　客户关系管理 ………………………………………………………… 146
　　一、客户关系管理概述 ……………………………………………………… 146
　　二、客户抱怨与投诉的应对 ………………………………………………… 148
　　三、客户满意度提升 ………………………………………………………… 156
　　单元小结 ……………………………………………………………………… 164
　　思考与练习 …………………………………………………………………… 165
单元七　维修服务接待的商业素养提升与职业发展 ………………………… 166
　　一、维修服务接待的商业素养提升 ………………………………………… 166
　　二、维修服务接待的职业生涯规划 ………………………………………… 182
　　单元小结 ……………………………………………………………………… 192
　　思考与练习 …………………………………………………………………… 192
参考文献 ………………………………………………………………………… 193

单元一　汽车维修服务概述

 学习目标

1. 能简单说明汽车维修行业与企业基本概况；
2. 能说出汽车维修企业的基本架构及业务流程；
3. 能说出售后服务部核心岗位的工作职责；
4. 能说出服务顾问需要具备的工作理念及工作内容；
5. 能初步建立服务顾问角色认识。

 建议课时

10 课时。

一　汽车维修行业与企业认知

（一）我国汽车后市场概况

❶ 汽车后市场发展潜力巨大

我国汽车后市场大体上可分为汽车金融、汽车租赁、汽车用品、二手车、汽车养护与维修、汽车报废等。在服务内容方面，汽保行业和汽车养护行业存在着交叉，没有严格地划分界限。目前，国内汽车配件行业的业务范围也有向汽车养护行业拓展的趋势。

根据公安部数据，截至 2020 年第三季度，全国机动车保有量达 3.65 亿辆，其中汽车 2.75 亿辆。

从新车需求长期潜力看,无论是对比欧美日韩等成熟市场,还是同马来西亚、俄罗斯、巴西等新兴市场比较,我国的千人汽车保有量都存在一定的差距,这也意味着我国汽车保有量仍有很大增长空间。

我国已进入汽车社会,汽车后市场发展潜力巨大。

❷ 维修市场急需转型升级

据天眼查专业版数据显示,截止到 2020 年 8 月,我国共有接近 61.6 万家经营范围含"汽车维护、汽车售后、汽车维修",且状态为在业、存续、迁入、迁出的企业(以下简称"汽车维修相关企业")。其中,个体工商户占比 54.50%,有限责任公司占比 41.84%。围绕汽车使用过程中的各种服务,例如养护、维修等,产生了 1.2 万亿的汽车后市场。多种经济成分并存、多种业态模式互为补充、服务供给充足、社会保障有力的机动车维修市场体系已初步形成,较好地适应了经济社会发展要求,满足了广大人民群众多层次、多样化、多品牌的消费需求。

❸ 业态变化需求更多复合人才

截至 2018 年年底,我国汽车保有量保持在 100 万辆以上的城市有 49 个,拥有 200 万辆以上汽车保有量的城市为 19 个,拥有 300 万辆以上汽车保有量的城市有 6 个。截至 2020 年年底,北京市机动车保有量已突破 600 万辆,且这一数据还在不断增加。从这些不断增加的数据中可以看出,汽车后市场发展空间巨大。一线城市汽车市场已提前进入饱和状态,相关的汽车后市场竞争将更加激烈,会出现更多的业态和对新型人才的需求。

❹ 汽车后市场需要健康发展

近年来,汽车维修行业市场的发展取得了一定成绩,但是与经济社会发展需要、深化改革要求和人民群众期待相比,仍有较大差距。特别是汽车维修行业关乎民生,政府相关部门非常重视其健康发展。

(二)汽车维修行业现状及发展趋势

❶ 维修行业基本情况

汽车维修业已由道路运输业的附属部分转化为社会主义市场经济的重要组成部分,由纯劳动技术型转化为具有专业技术型、劳动密集型、作业分散型、市场调节型、服务延伸型五大特征,为道路运输业、汽车产业和广大社会消费者提供全方位服务的产业。

单元一　汽车维修服务概述

❷ 中国汽车维修行业面临的形势

我国汽车产业新的业态、新的创新模式使市场环境变化更加活跃,市场竞争也变得日趋激烈,由此给行业发展带来的既是机遇,也是挑战。随着资本和人才不断涌入汽车后市场,国内传统汽车后市场的汽修汽服板块,出现了以互联网为切入的流量入口,以及重运营的连锁型维修企业。

互联网的出现打破了价格和货源时空上的信息不对称,从信息不对称到信息透明,消费者变得越来越理性。他们可以通过互联网平台上的对比,知道配件的不同价格、不同品质、不同货源,从而做出最有利的采购决策。

汽修企业应该立足长期服务,让汽修服务人员有尊严,让汽修门店有品牌形象,让汽修技术落到每一台车辆,这才能赢得消费者,才能赢得未来,这是中国汽修行业的本质要求和出路。

从维修垄断到维修社会化升级,汽修企业应该定位在匠心修车!

(三)4S店基本组织架构

4S店是汽车维修行业中生产组织规范、生产工艺先进的企业类型,也是各职业院校校企合作最密切的企业群。

目前,主机厂一般要求经销商严格按照图1-1所示结构设置业务部门和相关岗位,并且按照岗位编制和岗位职责的要求配备相应人员。

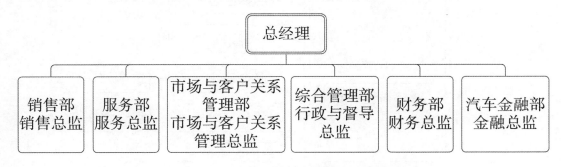

图1-1　4S店(经销商)组织机构图

(四)4S店服务部组织机构及岗位职责

本课程主要进行服务部相关业务的介绍和岗位学习,接下来重点介绍服务部(以下说明以市场占有率较大的一汽大众经销商为例)。

❶ 服务部组织机构

服务部是4S店核心部门之一,具备服务接待、车辆维修等职能,其组织机构及岗位设置如图1-2所示。

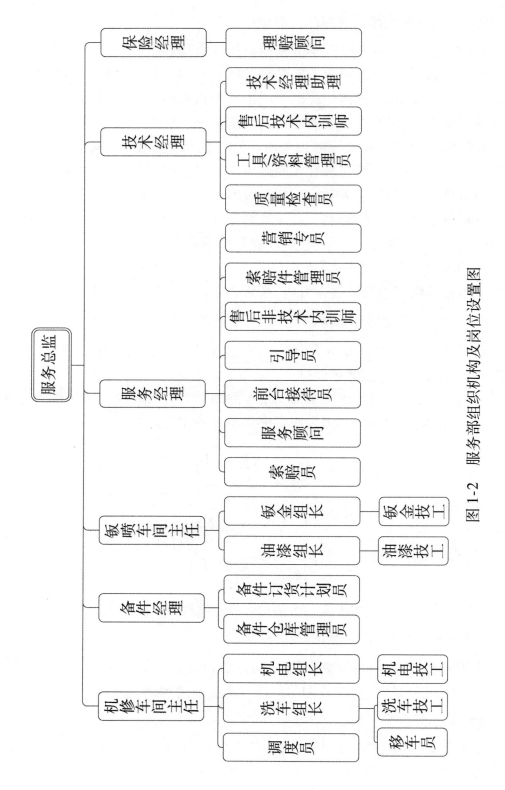

图1-2　服务部组织机构及岗位设置图

服务部主要包括机修车间、备件部、钣喷车间、前台接待、技术支持、保险理赔等部门,设置服务总监1名,服务经理1名,机修车间主任、钣喷车间主任、备件经理、技术经理、保险经理各1名。

❷ **服务部岗位职责**

1)服务总监

(1)岗位职责:根据公司总体规划,制订公司服务战略,制订年度/月度服务目标(包括维修台次、维修产值、一次修复率等),与相关部门制订附件精品业务计划,并保证目标计划完成;制订服务满意度目标并与经销商总经理共同确定,服务满意度工作推进、改善和目标达成,维护品牌形象,提升服务满意度;车间管理、备件管理、技术管理、附件精品管理等业务制度、流程的制订和开展,搭建良好、高效的服务质量管理体系;服务接待、维修、索赔、交车等服务业务各项环节的管理监控,并推进改善;与主机厂、相关部门共同解决重大客户投诉和重大质量问题;按照主机厂商务政策、服务营销策略以及服务流程开展服务工作,同市场与客户关系管理部一起制订服务策略,并配合主机厂或经销商组织的各类活动;收集行业服务相关信息,对行业信息和经销商本身维修服务信息进行分析,并将信息提供给主机厂和经销商市场与客户关系管理部。

(2)职位素养及能力:汽车及相关专业本科以上文化程度;熟练掌握常用办公软件使用(如Word、Excel、PPT等);具备较强的执行能力、沟通能力、团队合作和服务意识等。

(3)专业胜任能力:5年以上汽车维修行业工作经验,其中3年以上汽车行业服务工作经验;1年以上人员管理经验;具备服务营销知识、汽车理论知识和汽车维修经验、客户服务知识、人力资源管理知识、财务管理知识。

(4)直接上级:总经理。

(5)直接下级:服务经理、备件经理、技术经理、机修车间主任、钣喷车间主任、保险经理。

2)服务经理

(1)岗位职责:制订和实施展厅服务接待工作的相关制度和工作流程,并督促改善;提升服务满意度、服务满意度改善和年度目标达成;根据精品、附件以及衍生业务的工作计划开展销售工作,完成销售目标;执行主机厂的服务营销政策,配合主机厂或经销商组织的各类活动;收集并向市场与客户关系管理部提供产品服务营销等信息;解决一般用户投诉;配合解决重大客户投诉;客户档案管理、监控;负责索赔业务审批;参与重大维修服务项目的评审;保险理赔工作的开展和统计、分析职位素质能力。

(2) 职位素养及能力:汽车维修相关专业大专以上文化程度;熟练掌握常用办公软件使用(如 Word、Excel、PPT 等);具备较强执行能力、沟通能力、团队合作和服务意识等。

(3) 专业胜任能力:3 年以上汽车行业服务工作经验;1 年以上人员管理经验;具备服务营销知识、汽车理论知识和汽车维修经验、客户服务知识、人力资源管理知识、财务管理知识。

(4) 直接上级:服务总监。

(5) 直接下级:服务顾问、索赔员、引导员、前台接待员、售后非技术内训师等。

3) 服务顾问

(1) 岗位职责:按照服务流程开展服务接待工作,包括预约、接车、环车检查、交车等;提升服务满意度、服务满意度改善和年度目标达成;根据精品、附件以及衍生业务的工作计划开展销售工作,完成销售目标;执行主机厂的服务营销政策,配合主机厂或经销商组织的各类活动。

(2) 职业素养及能力:大专及以上学历,汽车维修专业为佳;能熟练地操作计算机;具备组织能力、沟通能力、执行能力、观察能力、团队合作和服务意识等。

(3) 专业胜任能力:1 年以上汽车维修工作经历;熟知汽车维护和驾驶知识;具有较强的故障诊断能力;能准确估算维修价格及维修时间;掌握《质量担保条例》、售后服务核心流程;具有管理经验、较强的语言表达能力及组织沟通协调能力;掌握企业管理知识、营销知识、用户心理学;具备社交礼仪;熟练掌握汽车驾驶,有机动车驾驶证。

(4) 直接上级:服务经理。

(5) 直接下级:无。

4) 前台接待员

(1) 岗位职责:来店客户的排号、安置及送别;与来店客户的沟通及一般问题的解答;客户相关信息的记录。

(2) 职业素养及能力:高中或中专以上学历;相貌端正,仪表整洁;年龄适当;喜欢与人打交道,热爱服务业,有较好的沟通能力;身体健康。

(3) 专业胜任能力:1 年以上汽车行业服务工作经验;具有一定的汽车专业知识,善于与人沟通,有良好的管理能力;具有良好的语言表达能力;较强的组织协调能力。

(4)直接上级:服务经理。

(5)直接下级:无。

5)引导员

(1)岗位职责:引导客户停车,引导客户到展厅门口或售后接待入口;停车场卫生、车位检查。

(2)职业素养及能力:高中或中专以上学历;具有以客户为中心、以服务为导向的个性;具备较好的沟通能力、人际交往能力和亲和力。

(3)专业胜任能力:1年以上的泊车从业工作经验;具备驾驶技能,接受过礼仪培训。

(4)直接上级:服务经理。

(5)直接下级:无。

6)营销专员

(1)岗位职责:根据主机厂售后服务部门及区域售后服务部门的营销策略,制订经销商年度服务营销计划并组织实施;同时与其他部门协调一致,共同开展工作;根据主机厂本部及区域要求开展服务营销活动并按要求反馈活动执行信息;开展自主服务营销活动,吸引用户回店,提升维修量;协调市场等其他部门,共同制订媒体宣传方案,利用当地媒体,宣传售后服务;合理利用商务政策中关于服务、备件业务的市场投入开展营销活动;分析服务营销活动的开展效果,分析用户特征,对存在的问题制订积极有效的营销措施,提高用户满意度;根据主机厂服务品牌VI要求,负责监督、指导店面及服务宣传品的规范,维护品牌形象。

(2)职业素养及能力:汽车及营销相关专业大专或以上文化程度;熟练掌握常用办公软件使用(如Word、Excel、PPT等);具备较好的执行能力、沟通能力、团队合作与服务意识。

(3)专业胜任能力:2年以上汽车行业工作经验,其中1年以上汽车行业服务工作经验;1年以上营销管理经验;具备服务营销知识、汽车理论知识和汽车维修经验、客户服务知识。

(4)直接上级:服务经理。

(5)直接下级:无。

7)理赔顾问

(1)岗位职责:与保险公司联系,处理保险理赔事宜;车辆诊断、定损工作的准备和落实;用户索赔资料的收集;提升服务满意度,服务满意度改善和年度目标达成;保险服务业务的推销;解决一般用户投诉;配合解决重大客户投诉;保险用户档案的建立、维护和管理;保险理赔维修数据的统计分析并提供改进建议;执行主机厂的服务营销政策,配合主机厂或经销商组织的各类活动。

(2)职业素养及能力:大专及以上学历,汽车维修专业为佳;能熟练地操作计算机;具备组织能力、沟通能力、执行能力、观察能力、团队合作和服务意识。

(3)专业胜任能力:1年以上汽车维修工作经历,1年以上保险理赔相关工作经验;熟知汽车维护和驾驶知识,具有较强的故障诊断能力,能准确估算维修价格及维修时间,掌握《质量担保条例》,熟悉售后服务核心流程,具有管理经验,有较强的语言表达能力、组织沟通协调能力,掌握企业管理知识、营销知识、用户心理学、社交礼仪;熟练掌握汽车驾驶,有机动车驾驶证;熟知汽车保险理赔流程;具有较强的保险业务知识、车辆定损知识。

(4)直接上级:保险经理。

(5)直接下级:无。

8)索赔员

(1)岗位职责:掌握质量担保政策,按照索赔流程受理用户的担保申请;按照索赔件管理标准对索赔件进行判定;熟练掌握索赔鉴定标准,对索赔件按照标准进行鉴定;建立索赔申请并跟踪申请状态;索赔相关文件及数据资料的存档管理;协助与主机厂索赔结算,并跟踪后续相关问题;协助主机厂分析解决现场质量问题;对索赔工作进行总结和改进。

(2)职业素养及能力:大专及以上学历,汽车维修专业为佳;熟练掌握常用办公软件使用(如 DS-ERP、SAP R/3、ETKA、Word、Excel、PPT 等);具备执行能力、沟通能力、团队合作和服务意识。

(3)专业胜任能力:2年以上汽车维修行业工作经验;具备汽车构造、汽车维修知识。

(4)直接上级:服务经理。

(5)直接下级:无。

(五)售后服务主要业务流程

汽车售后服务主要围绕着客户的车辆展开,从客户预约(主动预约和被动预约)开始,到客户的车辆经过车间维修和维护后离开,整个过程中企业确保客户车辆的一次诊断率和一次修复率要高,客户的满意度要高,这样才能给企业创造效益,提高进厂量和单车收益率。在这个过程中,与客户直接接触的是前台的服务顾问,可以说,是服务顾问承担了客户与企业的沟通。售后服务的主要业务流程如图 1-3 所示。

单元一 汽车维修服务概述

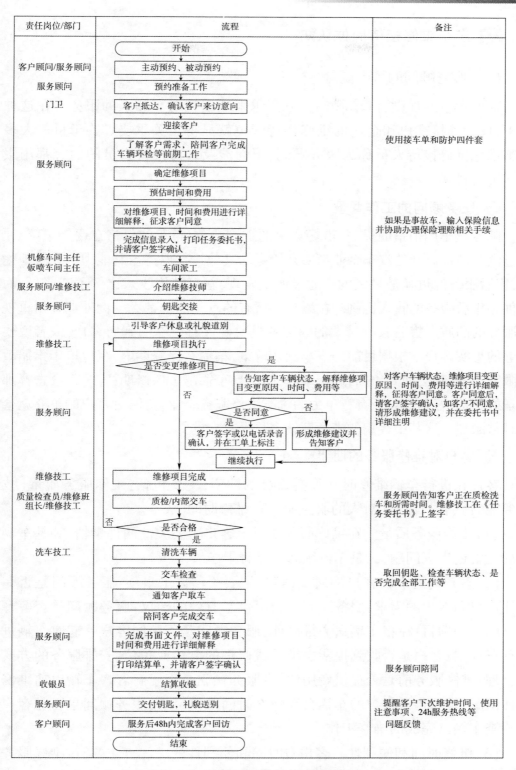

图1-3 售后服务主要业务流程

二 汽车维修接待岗位认知

（一）服务顾问的基本概念

随着竞争的加剧，汽车服务企业会越来越重视对车和人的服务。在这种情况下，作为连接客户和企业的维修接待岗位就显得至关重要。鉴于目前大多数品牌都把维修接待人员称为服务顾问，下面涉及维修接待人员的内容都用服务顾问进行描述。

❶ 服务顾问的工作背景

随着汽车产销量的提高，市场竞争的加剧，汽车整车的价格在逐年下降，原本通过汽车销售盈利的汽车企业都要开始寻求其他途径保持盈利能力。在其他途径中，售后服务的贡献是最大的。通过调查发现，新车销售收入比例不断降低，而零部件和售后服务的收入比例却在增长。所有的汽车品牌都无一例外地开始重视售后服务的品质。售后服务最大的问题就是要确保有足够的到店客户，或者说要有足够的忠实客户。根据目前的汽车消费政策，车辆在保修期内，客户迫于索赔政策的限制，一般都会回到4S店进行维修，而一旦车辆出了保修期，客户就会选择那些质量好、服务好、成本低、有竞争力的汽车维修服务企业，所以对客户的争夺就会显得日益激烈。这其中客户的满意度就会显得非常重要。

❷ 客户对维修服务的期望

客户在进行车辆维修时往往有自己的期望，主要包括：维修服务质量（技术服务能力）、客户沟通（对人的服务能力）、维修时间、成本。

（1）维修服务质量。在维修服务质量上客户主要关注两件事情：一是车辆维修后是否还出现问题，二是车辆维修后是否干净。

（2）客户沟通。在客户沟通上，客户主要关注以下事项：服务顾问是否完全关注客户和客户的需求；服务顾问是否提供了有效的建议；服务顾问是否解释了完整的服务项目；在将车辆送去维修前，服务顾问是否陪同客户一起对车辆进行了环车检查；客户是否收到提醒去维护或修理的电话或短信；安排服务的方式是否合理；维修服务前是否提供费用估算；服务顾问是否了解客户车辆以前维修的具体情况，是否告诉客户的车辆会在什么时间维修最好；服务顾问是否与客户一同检查车辆已完成的维修工作。

（3）维修时间和便利性。客户对时间和便利性的关注点主要有：维修服务的时间和客户的期望时间相比是否很长；维修或维护结束后是否在第一时间联系客户;维修花费的时间、填写书面文件及提车的时间、等待被服务顾问接待的时间是否过长。

(4)成本。客户对成本的主要关注的是:价格和价值是否匹配;费用是否合理;费用和客户预期相比是否超出很多。

通过以上对客户期望的分析,建议4S店和服务顾问加强客户关注项目的服务,更好地提高客户的满意度,以增加来店的车辆数。

(二)服务顾问的基本工作环节

根据对汽车维修服务企业,尤其是品牌特约服务站的调研,维修接待工作主要分为:接待前、接待中、接待后/维修中、维修后/交付前、结算/交车、服务跟踪六个阶段(图1-4)。

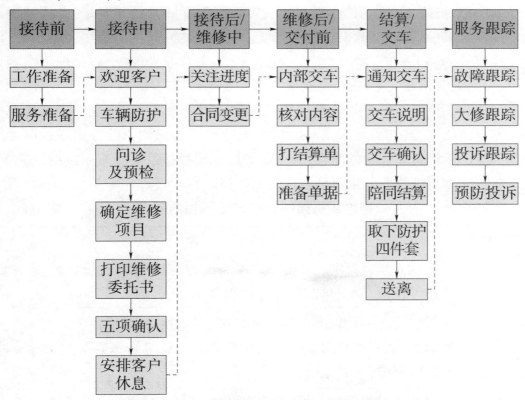

图1-4　服务顾问的基本工作环节

(三)服务顾问的工作职责与工作要求

随着维修行业竞争的加剧,客户对维修服务的期望越来越高,对维修服务接待人员的素质要求也越来越高。维修服务接待人员要有较好的服务理念和工作理念,熟知维修接待岗位对人员的相关要求并能担当起该岗位的各项工作职责。

服务顾问的工作职责有：及时热忱地接待客户；负责建立客户档案和客户车辆档案；正确检查、判断客户汽车故障并做出估价；在与客户达成一致后负责填写和签订修理委托书；做好车辆维修结束后的后续工作。

服务顾问岗位具体的工作要求有：礼貌地接待和帮助客户，积极倾听并询问，以发现客户的需求；注意个人形象，确保在服务接待区内随时为客户提供高标准的接待；保持与客户的良好关系，达到和超越客户的期望值，明确及追踪客户的满意度；回答客户有关汽车保修及服务方面的专业问题，使用浅显易懂的语言，避免使用过多的技术术语；推动预约服务制度，在电话上回答客户的问题，或转接给合适的人员；建立工作档案，保持客户记录和跟踪系统，定期维系客户关系，以培育客户忠诚度；确认客户了解现有的产品和服务，以专业方式提供附加产品和服务，提醒客户定期维护的时间；将维修进度随时告知客户，合理解释正确的保修政策；当客户付款时，根据维修工单解释材料和工时费用，陪同客户做好交接车前的环车检查；随时准备急救服务，落实看板管理；小心处理不满客户的投诉，必要时请相关人员介入，随时与车间及配件部门保持联系。

厂家为了更好地为每一位顾客提供卓越的客户服务体验，会要求经销商执行厂家设定的服务标准，常采用对经销商进行神秘客户调研的方式进行服务水平的抽检。了解这些抽检的内容，对于做好维修服务接待是很有帮助的。表1-1是一些厂家针对维修服务接待环节的常见抽检内容。

维修服务接待环节常见抽检内容 表1-1

环节	序号	抽检内容
预约环节	1	预约专员在接通后3声铃声/10s彩铃内接听客户的电话，并主动报出经销商名称、自己的姓名和职位
	2	预约专员主动询问或核实客户信息（包括姓名、联系方式等）及车辆信息（包括车牌号、车型、公里数等），确认维修保养项目及所需时间，并询问有无其他维修需求
	3	预约专员提醒客户携带《车辆行驶证》，并与客户礼貌道别
	4	完成电话预约后，客户当天收到预约确认（短信，微信均可）
	5	预约专员收到平台预约线索之后，第一时间（预约当天）处理线索并为预约客户发送预约确认信息（短信，微信均可）；在客户预约的到店时间半小时前与客户电话确认是否到店

续上表

环节	序号	抽检内容
接车环节	1	客户到店后,有服务人员迅速、及时地接待客户,并安排服务顾问接车
	2	服务顾问或服务顾问助理主动询问/核实/更新客户的资料(如手机号等)和车辆信息(至少包括车型、公里数等)
	3	服务顾问/服务顾问助理/维修技师主动邀请客户一起检查车辆状况,为客户车辆安装3种或3种以上防护套(包括座椅套、脚垫、转向盘保护套)
	4	服务顾问/服务顾问助理/维修技师对车辆进行环车检查,并记录检查结果
	5	环车检查中,顾问/服务顾问助理/维修技师向客户说明检查内容并告知检查结果
	6	服务顾问主动说明必需的维修保养项目,告知客户所需费用(包括工时费和配件费)及时间并询问客户有无其他需求
	7	车辆进入车间前,邀请客户在带有《服务公约》准施工单和估价单上签字确认,同时将带有《服务公约》准施工单副本交给客户作为提车凭证
	8	服务顾问询问或确认本次保养旧件的处理方式(全程有效)
	9	服务顾问或服务顾问助理主动陪同客户到休息区
完成维修或维护	1	服务顾问或服务顾问助理主动提及特色服务或会员服务
	2	服务顾问主动向客户介绍了透明车间服务,并帮助客户体验该服务
	3	维修过程中,服务顾问通知客户车辆发现新问题需要追加维修项目和费用并更新交车时间
	4	服务顾问主动告知客户车辆已经维修完毕,且约定交车时间
车辆交付	1	在与客户承诺的时间内完成维修维护
	2	服务顾问主动邀请客户一起验车,并当面为客户拆除防护套

续上表

环节	序号	抽 检 内 容
车辆交付	3	服务顾问主动向客户说明已完成的维修保养项目、费用和计费工时,并展示本次更换的旧件(仅涉及客户要求维修后展示旧件的情况)
	4	服务顾问在维修备忘中记录客户拒绝的与安全相关的维修工项
	5	服务顾问主动向客户说明下次维护的时间或维护里程,并且约定回访时间和回访方式
	6	服务顾问/结账收银人员请客户在账单上签字确认,并将账单与其他文档放在信封中交给客户
	7	交车时客户的车辆清洁干净,且无损伤
	8	服务顾问陪同客户到车旁,且客户车辆方便驶出,礼貌送别客户
回访与跟进	1	客户在维护后的 3 个工作日内接到来自经销商的回访
	2	没有在整个过程中用物质激励引导客户对厂家的满意度回访打高分

（1）本单元通过对汽车后市场基本情况的描述,从汽车维修行业发展概况、汽车维修企业的基本情况、4S 店的基本架构和主要业务流程及核心岗位的描述等方面,帮助学生对汽车维修服务企业有一个基本的认知。

（2）通过对服务顾问的基本概念、工作内容、工作职责和工作要求的介绍,帮助学生建立起对汽车维修服务接待岗位的认知。

一、填空题

1.服务顾问的岗位职责是按照服务流程开展服务接待工作,包括预约、接车、_____、交车等。

2.客户在进行车辆维修和维护时往往有自己的期望,经过调查,这些期望主要包括四个方面：车辆的维修质量（技术服务能力）、客户沟通（对人的服务能力）、_____、成本。

二、判断题

1. 在请客户做交车维修单确认时，只要向客户解释维修内容即可。（　　）
2. 服务顾问应该经常到服务站外观查车辆进厂的路线。（　　）
3. 服务顾问的表现会显著影响经销商的盈利能力。（　　）
4. 汽车业务主要依靠新车销售，服务顾问不应浪费时间去担心服务销售。（　　）
5. 如果客户持有"服务合同"，他就只能选择去你所在的维修站。因此，这些客户的满意度没有一般客户的满意度重要。（　　）
6. 应确保客户服务的一致性，不应根据客户的个人期望采取灵活的服务方式。（　　）
7. 服务顾问是客户与经销商之间最高效的"沟通渠道"。（　　）
8. 通过服务保持客户满意度对新车销售没有任何影响。（　　）
9. 服务顾问的表现会显著影响客户满意度分数。（　　）

三、简答题

1. 简单叙述怎样进入服务顾问角色。
2. 简单说明服务顾问需要具备的工作理念。
3. 画出顾问式服务流程图。

单元二　维修服务人员商务礼仪

学习目标

1. 能说出维修服务接待人员仪容仪表礼仪的要点；
2. 能说出维修服务接待人员举止礼仪的要点；
3. 能说出服务顾问接待礼仪的要点；
4. 能说出电话接待服务礼仪的要点；
5. 能按照礼仪要点进行客户接待。

建议课时

10课时。

一　维修服务接待人员的礼仪认知

（一）服务礼仪概述

汽车维修行业本身是一个服务性行业。在维修服务接待中，只有把技术与礼仪服务结合起来，才能获得客户的满意。

服务礼仪也是服务过程中对人的仪容仪表和言谈举止的普遍要求，维修接待服务礼仪一般要遵循"尊敬、真诚、谦和、宽容、适度"这五项原则。

(二)维修服务接待人员个人礼仪

1 仪容仪表礼仪

仪容仪表
仪态展示

个人仪容仪表会给人们留下第一印象。日常生活中,一个人的发型、着装和面部修饰等在表现其个性上的确非常重要。可是,在工作场合,就有必要对周围的反馈给予关注,因此,工作人员要尽量塑造所属职业的专业形象。

汽车服务顾问的个人仪表礼仪内容如图2-1所示。

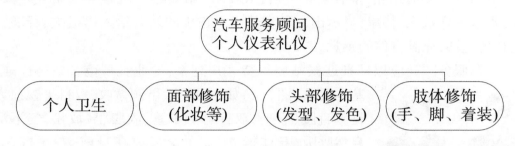

图2-1 个人仪表礼仪内容

(1)男性员工个人礼仪要点。

男性员工的个人礼仪主要包括头部、面部、手部、着装等方面,具体要点如下。

干净有型的头发(不留长发,头发梳理整齐);干净自然的面部(剃干净胡须,鼻毛不外现);干净整洁的手部(指甲保持洁净,不蓄长甲,不佩戴饰物);职业规范的着装(标准工作装一定要熨平,裤线保持笔挺,制服干净、得体、无污点);擦干净的鞋(鞋上不要有污物,鞋后跟不要有磨损)。

另外,领带是男性必不可少的行头之一。除了选择合适的领带外,在使用领带的过程中还要注意下面一些要点:打领带不能过长或过短,站立时其下端触及皮带扣上沿为宜;穿着针织的套头高领衫、翻领衫和短袖衬衫均不宜打领带;在喜庆场合,领带颜色可鲜艳一些,在肃穆场合,一般系黑色或其他素色领带;在日常生活中,只穿长袖衬衣也可系领带,但衬衣下摆应塞在裤子里;选配领带,应避免条纹领带配条纹西装,花格领带配格子西装或衬衫。

(2)女性员工个人礼仪要点。

女性员工的个人礼仪要点主要包括头部、手部、着装、饰物等方面,具体要点如下。

干净、梳理有型的头发(刘海尽量不要遮住眼睛,长发要用卡子或丝带扎住);整洁清新的工作装束(化淡妆、制服干净、得体、无污点,身着标准工作装,佩戴胸牌);不花哨的饰物(在工作场合尽量避免太大的耳环,夸张的戒指、项链、手镯);精心修整的指甲(指甲不要留得过长,指甲油避免鲜艳的颜色,选择透明的指甲油比较好);接近肤色的长筒袜(裙装时避免穿短袜,袜面无破损);擦干净的鞋(鞋跟在5cm以下比较安全)。

❷ 举止礼仪

(1)站姿礼仪。

俗话说:"站有站相,坐有坐相"。古人要求"站如松",就是要求站立时像挺拔的青松一样端庄、伟岸,显示出一种自然美。正确的站姿给人以挺拔、舒展、俊美、精力充沛、充满自信的感觉。

汽车服务顾问应以标准迎候站姿等待客户到来,专业且规范。站姿标准和基本要求(图2-2)如下:抬头、下颌微收,双目平视前方、挺胸直腰、肩平、双臂自然下垂、收腹、肩放松,气下沉,自然呼吸,身体挺立,双手交叉放在身前,右手搭在左手上。

男性员工注意要点:身体挺拔直立,两脚并立与肩等宽,双手交叉放在身前,右手搭在左手上。

女性员工注意要点:脚跟并拢呈 V 字形,或者两脚稍微错开,一前一后,前脚的脚后根稍稍向后脚的脚背靠拢,后腿的膝盖向前腿靠拢,右手搭在左手上,左手心握住右手大拇指。

图2-2 站姿礼仪要点

训练正确站姿很重要,应经常训练站姿,体会正确体态,养成良好习惯。练习时,身体可靠墙站立,或顶墙贴面,保持直线。

(2)走姿礼仪。

走姿是站姿的延续动作,是在站姿的基础上展示人体的动态美。无论是在接待客户中还是在其他工作场合,走路往往是最引人注目的身体语言,也最能展现一个人的风度和活力。协调稳健、轻松敏捷的走姿会表现出朝气蓬勃、积极健康的精神状态。

走姿礼仪的基本要求为(图2-3):上身略向前倾,身体重心落在前脚掌,两脚跟走在一条直线上,脚尖偏离中心线约10°。行走时,双肩平稳,目光平视,下颌微收,面带微笑;手臂伸直放松,手指自然弯曲,手臂自然摆动,摆动幅度以30°~

35°为宜;行走速度要适中,过快给人轻浮印象,过慢则显得没有时间观念,缺乏活力。

走姿注意要点:上身扭动和臂部摆动幅度不可过大;避免含胸、歪脖、斜腰及挺腹等现象;男性脚步应稳重、大方、有力,女性脚步应舒展、轻柔而坚定。

训练正确走姿很重要,可以试着将一本书放在头顶上,接着把双手放在身体两侧,用前脚慢慢地从基本站立姿势起步走。这样虽有点不自然,但却是一种很有效的方法。走路时,要摆动大腿关节部位,才能使步伐矫健。

(3)坐姿礼仪。

规范的坐姿,能传达出自信练达、积极热情、尊重他人的信息。

坐姿礼仪的基本要求(图2-4):身体重心垂直向下,腰部挺起,上身保持正直,头部保持平稳,两眼平视,下颌微收,双掌自然地放在膝头或座椅扶手上。在坐姿礼仪方面,男女是有差异的。

图2-3　走姿礼仪基本要求　　图2-4　坐姿礼仪基本要求

男性员工坐姿:上身挺直,两腿分开且不超肩宽,两脚平行,两手自然放在双腿上。

女性员工坐姿:双膝并拢,两脚同时向左或向右放,两手相叠后放在左腿或右腿上,也可以双腿并拢,两脚交叉,置于一侧。

入座注意要点包括:用手掌指示客户就座的席位,为客户扶住椅子,遵循女士、长者优先的原则。坐下之前,征求客户同意,应轻轻拉椅子,从右侧入座,并用右腿抵住椅背,轻轻用右手拉出,切忌发出声响;坐下的动作不要太快或太慢、太重或太轻,太快显得有失教养,太慢则显得无时间观念,太重给人粗鲁不雅的印象,太轻给人谨小慎微的感觉。应大方自然、不卑不亢轻轻落座;坐下之后,上身应与桌子保持一个拳头的距离,坐满椅子的 2/3,不要只坐一个边或深陷椅中;坐着与人交谈时,双眼应平视对方,但时间不宜过长或过短,也可使用手势,但不可过多或过大;女士不可将双腿叉开,着裙装入座前,应用手将裙摆稍微拢一下再坐下,不要等入座后在重新站起来整理衣裙;双手不要叉腰或交叉在胸前;不要摆弄手中的茶杯或将手中的东西不停地晃动;腿脚不要晃动。

(4)蹲姿礼仪。

在接待客户的某些过程中或面对孩子时,为了表示对客户的尊敬和对孩子的关爱,工作人员应该以标准的蹲姿为客户进行说明。

蹲姿礼仪的基本要求为(图 2-5):下蹲时,左脚在前,右脚在后向下蹲去,双腿合力支撑身体,避免滑倒或摔倒,从而使蹲姿显得优美。

蹲姿礼仪注意要点主要包括:女性员工着裙装的时候,下蹲前请事先整理裙摆;下蹲时,左脚掌垂直于地面,全脚掌着地,控制平衡,避免摔倒;下蹲的高度以双目保持与客户双目等高为宜;避免臀部朝向对方。

图 2-5 蹲姿礼仪基本要求

(5)手势礼仪。

不同的手势传递不同的信息,很多手势都可以反映人的修养、性格,手势能体现人们的内心思想活动和对待他人的态度,热情和勉强在手势上可以明显地反映出来。所以,服务人员要注意手势动作的准确、幅度、力度、速度等。

手势礼仪要点主要包括:幅度适度、自然亲切,避免不良手势。

幅度适度:在工作场合,应注意手势的幅度。手势的上界一般不应超过对方的视线范围,下界不低于自己的胸区(图 2-6);左右摆幅不要太宽,应在人的胸前或右方进行。一般场合,手势动作幅度不宜过大,次数不宜过多,且不宜重复。

图 2-6 手势礼仪基本规范

自然亲切：与人交往时，多用柔和曲线的手势，少用生硬的直线条手势，以求拉近心理距离。

避免不良手势：与客户交谈时，讲到自己不要用手指向自己的鼻尖，而应用手掌按在胸口上；谈到别人时，不可用手指别人，更忌讳背后对人指点等不礼貌的手势；初见新客户时，避免抓头发、玩饰物、掏鼻孔、剔牙齿、抬腕看表、高兴时拉袖子等粗鲁的手势动作；避免交谈时指手画脚，手势动作过多过大；在给客户引导、指人或者指物时，切忌使用单指。

手势语是人体语言最重要的组成部分，它是人们交往中不可或缺的工具。

汽车服务顾问的一举一动、一颦一笑都彰显其专业性，影响着其在客户心目中的形象与信任感。行为举止是无声的语言，它显示着人们的气质、风度与涵养，还可以和有声语言相配合，沟通人们的心灵。对于学生而言，这一部分内容不仅仅需要学习理论知识要点，更需要在领会的基础上，勤以练习，促成良好行为习惯的形成！

二 汽车维修服务接待礼仪

（一）服务顾问接待礼仪

从客户进场到客户离开的整个过程中，客户接待环节的每个关键时刻，都包含众多礼仪关键点，比如说注目礼仪、微笑礼仪、鞠躬礼仪、问候礼仪、称呼礼仪、介绍礼仪、握手礼仪、名片礼仪、引导礼仪、座次礼仪和递送饮料、资料的礼仪等。

1 注目礼仪

在与客户会面时，应起立并放下手中正进行的工作，与其眼光接触，微笑点头示意，行注目礼。

维修接待员的肢体语言

（1）客户进场时。客户进入接待大厅时，在大厅工作的员工应对其行注目礼，并用响亮的声音热情问候："您好，欢迎光临。"

（2）客户离开时。当客户离开时，服务顾问应向远去的客户微笑挥手（向客户致谢），行注目礼，目送到客户或其车辆在视野中消失为止。

注目礼仪注意要点包括：对不熟或关系一般的人不能长时间凝视，否则将被视为无礼行为。与客户谈话的时候，眼神礼仪是：眼睛看对方的眼睛或嘴巴的"三角区"；标准注视时间是交谈时间的30%~60%，这称为"社交注视"；眼睛注视对方的时间超过整个交谈时间的60%，属于超时注视，使用这样眼神看人是失礼的；眼睛注视对方的时间低于整个交谈时间的30%，属于低时型注视，也是失礼的注视,表明内心自卑或企图掩饰什么或对与人对话不感兴趣;眼睛转动的幅度与频率适度,眼睛转动稍快表示有活力,但如果太快又给人不诚实、不成熟,轻浮的印象,如"挤眉弄眼"指的就是这种情况。但是,眼睛也不能转的太慢,否则,会显得很呆板。

❷ 微笑礼仪

真诚的微笑是社交的通行证,它向对方表白自己没有敌意,并可进一步表示欢迎和友善。因此,微笑如春风,使人感到温暖、亲切和愉快,它能给谈话带来融洽平和的气氛(图2-7)。无论是在客户进场、引导客户入座时,还是客户离开时,与客户保持接触的每一个环节都应当保持适当的微笑。

微笑服务并不仅仅是一种表情,更重要的是与客户进行感情上的沟通。当你向客户微笑时,要表达的意思是:"见到你我很高兴,我愿意为你服务。"

尽管微笑有其独特的魅力和作用,但若不是发自内心的、真诚的微笑,那则是对微笑语的亵渎。有礼貌的微笑应是自然

图2-7 微笑服务礼仪

的、坦诚的内心真实情感的表露;否则,强颜欢笑,假意奉承,那样的"微笑"则可能演变为"皮笑肉不笑""苦笑"。

嘴是内心想法流露的重要途径。谈话时,不努嘴、不撇嘴;站立、静坐或握手时,嘴可以微闭,不要露出牙齿,如果能保持微笑状态就更完美了!拉起嘴角一端微笑,使人感到虚伪;吸着鼻子冷笑,使人感到阴沉;捂着嘴笑,给人以不自然之感。这些都是失礼之举。

微笑服务的标准有:面部表情和蔼可亲,伴随微笑自然地露出6~8颗牙齿,嘴角微微上翘;微笑注重"微"字,笑的幅度不宜过大;微笑时真诚、甜美、亲切、善意、充满爱心;口眼结合,嘴角、眼神含笑。

为了提高微笑的质量,需要经常进行微笑训练(图2-8)。训练时,把手举到脸前,双手按箭头方向做"拉"的动作,一边想象笑的形象,一边使嘴笑起来;把手指放在嘴角并向脸的上方轻轻上提,一边上提,一边使嘴充满笑意。

❸ 鞠躬礼仪

鞠躬礼可广泛用于服务接待服务过程中与客户接触的各个环节。行礼时,

以标准站姿站立(或按标准走姿行走时适当减缓速度),面带微笑,头部自然下垂,带动上身前倾,呈15°角,持续1~3s即可,眼神关注对方。

图2-8 微笑训练

鞠躬时,要注意避免出现只弯头的鞠躬、不看对方的鞠躬、头部左右晃动的鞠躬、双腿没有并齐的鞠躬、驼背式的鞠躬、可以看到后背的鞠躬(图2-9)。

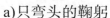

a)只弯头的鞠躬　　b)不看对方的鞠躬　　c)头部左右晃动的鞠躬

d)双腿没有并齐的鞠躬　　e)驼背式的鞠躬　　f)可以看到后背的鞠躬

图2-9 汽车服务顾问鞠躬礼仪的注意事项

❹ **问候礼仪**

客户来访、遇到陌生人以及同事碰面时,应使用文明礼貌语言。第一时间的亲切问候是给客户留下好印象的第一步。

早晨上班时,公司员工见面互相问候"早晨好!""早上好!"等(上午10点钟前),一天的工作从相互打招呼、问候中开始;因公外出应向部内或室内的其他人打招呼;在公司或外出时遇见客户,应面带微笑主动上前打招呼;下班时,也应相互打招呼后再离开,如"明天见""再见"等。

❺ **称呼礼仪**

称呼是指人们在日常交往中彼此之间的称谓语。在人际交往中,选择正确、恰当的称呼,反映着自身的教养、对他人尊敬的程度,甚至还体现着双方关系发展所达到的程度和社会风尚,因此,称呼不能随便乱用。

选择称呼要合乎常规,要照顾被称呼者的个人习惯,入乡随俗。在工作岗位上,人们彼此之间的称呼是有其特殊性的,要庄重、正式、规范。在汽车销售过程中,应称呼对方的职务、职称,如"××经理""××教授"等;无职务、职称时,称"×先生""×小姐"等,而尽量不使用"你"字,或直呼其名。服务顾问若能够恰当地使用称谓,会拉近与客户之间的距离。下面是常用的称呼规则。

(1) 职务性称呼。以交往对象的职务相称,以示身份有别、敬意有加,这是一种最常见的称呼。有三种情况:称呼职务、在职务前加上姓氏和在职务前加上姓名(适用于正式的场合)。

(2) 职称性称呼。对于具有职称者,尤其是具有高级、中级职称者,在工作中直接以其职称相称。有三种情况:称呼职称、在职称前加上姓氏和在职称前加上姓名(适用于正式的场合)。

(3) 行业性称呼。在工作中,有时可按行业进行称呼。对于从事某些特定行业的人,可直接称呼对方的职业,如老师、医生、会计、律师等,也可以在职业前加上姓氏、姓名。

(4) 性别性称呼。对于从事商界、服务性行业的人,一般约定俗成地按性别的不同分别称呼"小姐""女士"或"先生"。"小姐"是称未婚女性,"女士"是称已婚女性。

(5) 姓名性称呼。称呼姓名,一般限于同事、熟人之间。

❻ 介绍礼仪

(1) 自我介绍礼仪。自我介绍就是在必要的社交场合,把自己介绍给其他人,以使对方认识自己。在汽车服务接待过程中,服务顾问经常要在客户面前进行自我介绍,恰当的自我介绍,不但能增进他人对自己的了解,而且还可以创造出意料之外的商机。进行自我介绍时的礼仪要点如下。

① 注意时机:要抓住时机,在适当的场合进行自我介绍,在对方有空闲,而且情绪较好,又有兴趣时进行,这样就不会打扰对方。比如,客户刚进店时,客户入座后,为客户上茶后,给客户递上资料时等。

② 讲究态度:态度一定要自然、友善、亲切、随和,应镇定自信、落落大方、彬彬有礼,给人以好感。既不能唯唯诺诺,又不能虚张声势,轻浮夸张。表示自己渴望认识对方的真诚情感。任何人都以被他人重视为荣幸,如果你态度热忱,对方也会热忱。语气要自然,语速要正常,语音要清晰。如果流露出畏怯和紧张,结结巴巴,

目光不定,面红耳赤,手忙脚乱,则会被他人轻视,给彼此沟通设置了障碍。

③注意时间:自我介绍时还要简洁,言简意赅尽可能地节省时间,以半分钟左右为佳。不宜超过一分钟,而且越短越好。话说得多了,不仅显得啰唆,而且交往对象也未必记得住。为了节省时间,作自我介绍时,还可利用名片加以辅助。

④注意内容:自我介绍的内容包括:本人的姓名、供职的单位以及担任的职务和所负责的具体工作。在自我介绍时,这三项要素应一气报出,这样既有助于给人以完整的印象,又可以节省时间。自我介绍时要真实诚恳,实事求是,不可自吹自擂,夸大其词。

⑤注意方法:进行自我介绍,应先向对方点头致意,得到回应后再向对方介绍自己。如果有介绍人在场,自我介绍则被视为不礼貌。应善于用眼神表达自己的友善,表达关心以及沟通的渴望。如果你想认识某人,最好预先获得一些对方的资料,诸如性格、特长及兴趣爱好,这样在自我介绍后,便很容易融洽交谈。在获得对方的姓名之后,不妨口头加重语气重复一次,因为每个人最乐意听到自己的名字。

(2)介绍他人礼仪。在汽车服务接待过程中,经常需要在他人之间架起人际关系的桥梁,比如将维修技师介绍给客户等情况。他人介绍,又称第三者介绍,是为彼此不相识的双方引见、介绍的一种交际方式。他人介绍通常是双向的,即对被介绍双方都各自做一番介绍。有时,也只进行单向的他人介绍,即只将被介绍者中某一方介绍给另一方。为他人做介绍应把握下列要点。

①了解介绍的顺序:根据商务礼仪规范,在处理为他人做介绍的问题上,必须遵守"尊者优先了解情况"规则,即先要确定双方地位的尊卑,然后先介绍位卑者,后介绍位尊者。这样,可使尊者先了解位卑者的情况。根据规则,为他人做介绍时的礼仪顺序有以下几种:介绍上级与下级认识时,先向上级介绍下级;介绍长辈与晚辈认识时,应先向长辈介绍晚辈;介绍年长者与年幼者认识时,应先向年长者介绍年幼者;介绍女士与男士认识时,应先向男士介绍女士;介绍已婚者与未婚者认识时,应先向已婚者介绍未婚者;介绍来宾与主人认识时,应先向来宾介绍主人;介绍同事、朋友与家人认识时,应先向同事、朋友介绍家人;介绍与会先到者与后来者认识时,应先向先到者介绍后来者。

②注意介绍时的细节:在介绍他人时,介绍者与被介绍者都要注意一些细节。介绍者为被介绍者做介绍之前,要先征求双方的意见;被介绍者在介绍者询问自己是否有意愿认识某人时,一般应欣然表示接受。如果实在不愿意,应向介

绍者说明缘由，取得谅解；当介绍者走上前来为被介绍者进行介绍时，被介绍者双方均应起身站立，面带微笑，大大方方地目视介绍者或者对方，态度要诚恳；介绍完毕，介绍者、被介绍者双方应依照合乎礼仪的顺序进行握手，并且彼此使用"您好""很高兴认识您""久仰大名""幸会"等语句问候对方；切忌经介绍与他人相识时，拿腔拿调，或是心不在焉，也不要低三下四、阿谀奉承地去讨好对方；为他人介绍的内容，大体与自我介绍内容相仿，可以酌情在三要素的基础上增减。

7 握手礼仪

握手是汽车服务接待日常工作中最常使用的礼节之一，与新老客户会面时都需要使用握手礼仪。握手遵循的是"尊者优先"的原则。在客户面前，应该由客户先伸手；在长者面前，应由长者先伸手；在上司面前，应该由上司先伸手；见面的对方如果是 VIP 客户，当他先伸了手，则应该快步走近，用双手握住对方的手，以示敬意，并问候对方。当我们作为主人迎接客人时，主人先伸手，以示欢迎；男女之间握手，应由女士先伸手。

握手时相距 1m，上身微微前倾，手臂自然弯曲，表情自然、面带微笑，眼睛注视对方，稍事寒暄（图 2-10）；握手时，双方的手应该在虎口处交叉相接，至于握手力度则根据双方交往程度确定，和新客户握手应轻握，但不可绵软无力；和老客户应握重些，表明礼貌、热情。握手时间不宜过长，一般为 1~3s，轻轻摇动三下；保持手部清洁，在与客户握手的时候务必摘除手套。

图 2-10　握手礼仪

握手时礼仪用语："您是×××先生（女士）吧，欢迎您来我们店。""×××先生（女士），您来啦，欢迎欢迎，车子用的还好吗？"

8 名片礼仪

名片是汽车服务接待工作过程中重要的社交工具之一，交换名片时也应注重礼节。通常使用的名片包含两个方面的意义,一是表明你所在的单位,另一个是表明你的职务、姓名及承担的责任。总之,名片是自己(或公司)的一种表现形式,更是汽车服务顾问与客户保持良好联系的重要工具。因此,在使用名片时要格外注意礼仪。

(1)名片的准备。名片可放在上衣口袋(不可放在裤兜里);要保持名片或名片夹的清洁、平整;名片不要和钱包、笔记本等放在一起,原则上应该使用名片夹。

(2)接受名片。接受名片时须起身双手接收名片,面带微笑,点头表示感谢;接着仔细阅读名片上的内容,遇到难认字,应事先询问;接收的名片不要在上面做标记或写字;接收的名片不可来回摆弄,应妥善保管;不要将对方的名片遗忘在座位上,或存放时不注意掉在地上。

接递名片时的礼仪用语:"这是我的名片,您就叫我小××好了。""是××先生(女士)吗?感谢您来我们店。"

(3)递送名片时的规范动作。汽车服务顾问在递送名片时有一些规范动作,具体如下。用双手的大拇指和食指握住名片,名片的正面要面向接受名片的人,同时还要轻微鞠躬,即头微微低下;递送名片的次序是由下级或访问方先递名片;由第三方介绍时,应由先被介绍方递名片;递送名片时,应说些"请多关照""请多指教"之类的寒暄语;互换名片时,应用右手拿着自己的名片,用左手接对方的名片后,用双手托住;在会议室如遇到多数人相互交换名片时,可按对方座次排列名片。

❾ 引导礼仪

在公司的办公场所,接待客人、洽谈业务时,有许多场合需要用引导礼仪。了解和掌握引导礼仪,在工作中自如运用,会使客户有宾至如归的感觉。指引客户方向或观看什么东西的时候,手臂应自然伸出、手心向上、四指并拢。出手的位置应该根据与客户所处的位置而定,即使用与客户距离远的那条手臂。常见的引导礼仪如下。

(1)为客户在接待厅引路时。引导客户进入接待厅时,走在客户的斜前方,与客户保持一致的步调,先将店门打开,请客户进入店内。如果经销店不是自动门,则用左手向展厅外方向拉开店门,请客户先进入展厅,并鞠躬示意(或请展厅内的同事配合,向展厅内方向拉开店门)。

在走廊引路时,应走在客户左前方的2~3步处,引路人走在走廊的左侧,让客户走在路中央,要与客户的步伐保持一致,引路时要注意客户,适当地做些介绍;在楼梯间引路时,让客户走在正方向(右侧),引路人走在左侧;途中要注意引导提醒客户,拐弯或有楼梯的地方应使用手势,并提醒客户"这边请"或"注意楼梯"等。

(2)引导客户进入车辆时。引导客户进入车辆时,走在客户的斜前方,与客户保持一致的步调,并为客户拉开车门,请客户进入车内;开、关门时注意礼貌,站在不妨碍客户上下车的位置为客户开启车门。

如果客户坐在驾驶室,应该用左手拉门,右手挡在车门框下为客户保护头部;如果客户坐在副驾驶室,则应该用右手拉门,左手挡在车门框下为客户保护头部。

(3)引导客户通过门。向外开门时,应先敲门,打开门后把住门把手,站在门旁,对客户说"请进"并施礼;进入房间后,用右手将门轻轻关上;请客人入座,安静退出。此时可用"请稍候"等语言。

向内开门时,敲门后,自己先进入房间,侧身,把住门把手,对客户说"请进"并施礼;轻轻关上门后,请客户入座,安静退出。

(4)引导客户搭乘电梯时。客户乘坐电梯时往往需要服务顾问的引导,这样可以体现服务顾问的热情服务。常见的引导礼仪标准如下。

电梯里没有其他人的情况:在客户之前进入电梯,按住"开"的按钮,此时再请客户进入电梯;如到大厅时,按住"开"的按钮,请客户先下。

电梯内有人时:无论上下都应客户、上司优先。

电梯内:先上电梯的人应靠后面站,以免妨碍他人乘电梯;电梯内不可大声喧哗或嬉笑吵闹;电梯内已有很多人时,后进的人应面向电梯门站立。

⑩ 座次和递送饮料、资料的礼仪

在接待服务过程中,服务顾问要适时地主动邀请客人就近入座,比如给客人制作维修工单时、向客户说明维修方案时、商谈价格时、签订合同时等关键的时刻,坐下来洽谈都有利于沟通和协议的达成。

(1)入座礼仪。汽车服务顾问需要及时找准时机邀请客户入座,经同意引导并协助客户入座,同时关注与客户同行的所有客人。服务顾问征求客户同意后入座于自己的座位,保持适当的身体距离。

(2)递送饮料的礼仪。在汽车服务接待过程中,给客户递送饮料可以表示对客户的关怀,增加客户的满意度。常见的递送饮料的礼仪如下。

首先询问客户所需要的饮料种类,在听到客户的要求后,重复饮料名称进行确认。

送饮料时,托盘靠近胸部一侧,避免自己的呼吸触及饮品。

说"打扰一下"鞠躬后,按逆时针方向,将饮料放在客户的右手边。同一桌上有不同的饮料品种,在分发前需要先行确认(若饮料比较多,可以请同事协助分发)。

使托盘的正面朝向外侧用左手夹住,右手扶在托盘上,说"请慢用"后点头示意退下(如果桌面有易潮物品请将茶水尽量远置)。

饮料不可倒得太满,摆放时要轻,切忌端杯口。

(3)递送资料的礼仪。在服务接待过程中,要经常给客户递送一些资料,良好的递送礼仪可以增加客户对服务人员的信赖。常见的递送资料的礼仪如下。

资料正面面对接收人,双手递送,并对资料的内容进行简单说明。

如果是在桌子上的话,切忌不要将资料推到客户面前。

如有必要,帮助客户找到其关心的页面,并作指引。

递送资料时的礼仪用语:"这是×××的资料,请您过目。""我现在就您关心的内容给您做个介绍,您看可以吗?"

(二)电话接待服务礼仪

汽车服务接待过程中,与客户之间的沟通多是通过电话来进行的。可以说,电话沟通是企业形象的"脸面",是引起客户好感的又一个重要因素。所以,要时刻铭记自己的每一句话都在影响着公司的形象,影响着汽车服务顾问在客户心目中的形象。所以,电话应答时要尽可能给对方留下好感。

维修接待员电话礼仪展示

❶ 接电话的基本礼仪

常见的接电话礼仪标准如下:电话响三声之内拿起电话听筒,并告知自己的姓名。

常见的用语有:"您好,××4S店××部×××"(直线);"您好××部×××"(内线);如上午10点以前可使用"早上好";电话铃响三声以上时说"让您久等了,我是××部×××。"

注意事项如下:电话铃响三声之内接起;在电话机旁准备好记录用的纸笔,认真做好记录;接电话时,不使用"喂"回答;音量适度,不要过高;告知对方自己的姓名;使用礼貌语言;讲电话时要简洁、明了;注意听取时间、地点、事由和数字等重要词语;电话中应避免使用对方不能理解的专业术语或简略语;注意讲话语速不宜过快;打错电话要有礼貌地回答,让对方重新确认电话号码。

❷ 拨打电话的基本礼仪

拨打电话前要做基本的准备工作:确认拨打电话对方的姓名、电话号码;准备好要讲的内容、说的顺序和所需要的资料、文件等(图2-11);明确通话所要达的目的。电话接通时要问候对方,告诉对方自己的身份和姓名:"您好!我是××4S店××部的×××。"同时,要确认对方的信息:"请问××部的×××先生在吗?""麻烦您,我要找×××先生。""请问是×××先生吗?"互相确认后,要简洁地说明电话的主题:"今天打电话是想向您咨询一下关于××事……"应先将想要说的结果告诉对方,如果是比较复杂的事情,请对方做记录,对时间、地点、数字等进行准确的传达,说完后可总结所说内容的要点。电话结束后,要表示感谢:"谢谢""麻烦您了""那就拜托您了"等,语气要诚恳,态度要和蔼,等对方放下电话后再轻轻将话筒放回电话机上,同时,整理刚才记录的电话内容。

图2-11 拨打电话的礼仪

拨打电话时要把握好以下要点:要考虑打电话的时间(对方此时是否有时间或者方便);注意确认对方的电话号码、单位、姓名,以避免打错电话;准备好所需的资料、文件等;讲话的内容要有序、简洁、明了;注意通话时间不宜过长;要使用礼貌语言;外界的杂音或私语不能传入电话内;避免私人电话;讲电话时,如果发生掉线、中断等情况,应由打电话方重新拨打。

三 维修服务接待人员的礼仪操作要点

维修服务接待人员除了要知道相关的要求外,更重要的是要加强平常的训练。下面从仪容、仪表、仪态三个方面对维修服务接待人员的礼仪操作进行说明。

(一)礼仪行为标准操作指南——仪容

维修服务接待人员仪容操作要点见表2-1。

单元二 维修服务人员商务礼仪

维修服务接待人员仪容操作要点　　表2-1

礼仪点	对应人员	礼仪要点	操作指南
头发	男性员工	不彩染、不怪异、无头屑、无气味,前不覆额,侧不遮耳,后不触领	每月理发两次,每天洗发,头发定型
头发	女性员工	不彩染、不怪异、无头屑、无气味,不过于个性化,不遮盖面部,刘海不遮挡眉眼,以干练利落为佳	勤洗头发、每天梳头定型,刘海梳起,用发胶固定碎发定型
面部	男性员工	面容整洁,耳毛鼻毛不外露,不留胡须,牙齿清洁、口腔无异味	每日洁面,保持面部滋润,修剪鼻毛、耳毛、每天刮胡须,勤漱口,不吃刺激性食物
面部	女性员工	面容整洁,淡妆上岗,牙齿清洁、口腔无异味,清除汗毛、香水清新淡雅	清洁面部,妆容淡雅得体,修饰五官,勤漱口,不吃刺激性食物
手部	男性员工	手部清洁,不留长指甲	勤洗手,指甲缝保持干净,每周剪一次指甲
手部	女性员工	手部清洁,不留长指甲,不染鲜艳指甲油	勤洗手,手部保持滋润,指甲清洁,每周修剪一次指甲

(二)礼仪行为标准操作指南——仪表

维修服务接待人员仪表操作要点见表2-2。

维修服务接待人员仪表操作要点　　表2-2

礼仪点	对应人员	礼仪要点	操作指南
着装	男性员工	按岗位规定着装,西装上衣与长裤配套,衣袋平整不放杂物,长裤熨出裤线,西装纽扣最下面一粒不扣	定期干洗西装,熨烫平整,上岗前对镜自检着装

续上表

礼仪点	对应人员	礼仪要点	操作指南
着装	女性员工	按岗位规定着装,保持服装整洁,衣袋不乱放杂物	每天更换衬衣,西装熨烫平整,长裤熨出裤线,女士西装系好纽扣
皮鞋/袜子	男性员工	系带黑色商务皮鞋(3～5个孔),黑色棉袜	每天擦鞋,每天换洗袜子
	女性员工	肤色长筒或连裤丝袜,不脏、不破、无污渍,标准商务皮鞋(黑色船形为宜,鞋跟高度3～5cm)	有长筒丝袜备用,每天擦鞋
领带	男性员工	领带长度齐皮带环,领带整洁、无污渍、无破损、无皱褶,领带节不宜太大或太小,呈正三角形	
饰品	女性员工	佩戴工牌、胸卡符合岗位规范,佩戴符合岗位要求的饰品,以少为佳(不超过三件),不张扬	腰带上面不挂配手机盒和钥匙圈;不佩戴佛珠、绳子等配饰,选择铂金或黄金等高档金属质地,整体饰品不超过三件
工牌	男性员工	佩戴在左胸口处	工牌别在西装上衣口袋上缘正中处,工牌下缘与地面平行
	女性员工	佩戴在左胸口处	工牌别在平行于第一粒纽扣,左边三指的位置

(三)礼仪行为标准操作指南——仪态

维修服务接待人员仪态操作要点见表2-3。

单元二　维修服务人员商务礼仪

维修服务接待人员仪态操作要点　　　　表2-3

礼仪点	对应人员	礼仪要点	操作指南
问候	门卫	立正站姿,示意明确,主动问候,询问	当车辆距离在3~5m时,双脚立正,目光关注客户,五指并拢指引客户到停车方位,并快步上前至驾驶座车窗处弯下身,与客户的视线平行,面带微笑问好
介绍与转介绍	全体员工	面带微笑,自我介绍,转介绍时遵循:长者先、上级先、客户先、女士先(尊者具有优先知情权)	面带微笑,自我介绍:"我是服务顾问××"。转介绍时五指并拢,先把晚辈介绍给长辈,下级介绍给上级,领导、同事介绍给客户,男士介绍给女士。介绍时注视客户
微笑	全体员工	乐观积极,真诚友好,发自内心	微笑露齿,目光专注,嘴角上扬
走姿	全体员工	面带微笑,目视前方,步伐从容,步态平稳,步幅适中,步速均匀,走成直线	目光平视,抬头挺胸;展胸压肩,上身挺拔;微收下颚,双手自然摆动;步履从容,步伐稳健
站姿	男性员工	面带微笑,双目平视前方,头正、颈直、胸展、臂垂、腹收;重心垂直在两脚之间,两脚分开与肩齐宽或呈立正姿势;右手自然握拳,左手握住右手手腕,自然放于小腹前	面带微笑,双目平视前方,挺胸收腹肩展。注意要两脚分开要与肩同宽。右手握拳在下,左手在上握住右手手腕,放在小腹前
	女性员工	面带微笑,双目平视前方,头正、颈直、胸展臂垂、腹收;重心在脚弓前端,双脚呈V字形或丁字形站立;右手握住左手手指,自然放于小腹前	面部保持微笑,双目平视前方,挺胸收腹胸展。穿裤装时,脚跟并拢成V字形;穿裙装时,一脚脚跟抵另一脚脚弓处,前脚脚尖面向前方,呈丁字步,两膝之间不留缝隙。左手在下,手掌略微弯曲,右手在上握住左手指尖放在小腹前

续上表

礼仪点	对应人员	礼仪要点	操作指南
坐姿	男性员工	头部端正,双目平视,腰背部直立,双腿垂直,双膝分开,不超过肩宽,坐在座椅2/3处	从座椅左侧入座,坐椅子的2/3,坐下后,头部端正,双眼平视前方,腰背部直立,腿部垂直于地面,双膝分开,不超过肩宽
	女性员工	双膝并紧,双脚向左或向右侧斜放,腿部与地面成侧倾角,两腿之间没有任何缝隙,坐在座椅2/3处	入座前用手背抚裙后再落座,落座后双膝并拢,双脚向一侧斜放,脚尖朝前,坐椅子的2/3,两手交叠自然放在双腿中间,右手搭在左手上
蹲姿	男性员工	不要突然下蹲;不要距人过近;下蹲时侧对客户;上身挺直;双膝适度分开,一高一低;右(左)腿支撑身体	下蹲时,上身保持挺直,靠近客户一侧的腿为高腿位,另一侧为低腿位,蹲下时,前脚全着地,后脚跟提起,前脚掌着地,臀部落于后面的小腿位置
	女性员工	保持与客户适中的距离;下蹲时侧对客户上身挺直;双腿并拢收紧,一高一低	下蹲时,上身保持挺直,靠近客户一侧的腿为高腿位,另一侧的腿为低腿位,蹲下时,前脚全着地,后脚跟提起,前脚掌着地,臀部落于后面的小腿位置。注意双腿收紧并拢
座次排位	全体员工	居中为上、以右为上、位前为上、面门为上、远门为上、临窗为上、以客为尊	如:进入会议室,客人应该坐在U形会议桌靠里面的一面,满足远门为上,面门为上

续上表

礼仪点	对应人员	礼仪要点	操作指南
车次排位	全体员工	客人方位、主人方位、入座顺序	乘坐5人轿车时,车上座次的尊卑、自高而低依次为:后排右座、后排左座、后排中座、前排副驾驶座;右座高于左座,后座高于前座;专职驾驶员驾驶时,副驾驶座是末座;主人驾驶时,副驾驶座是首座
点头礼	全体员工	上体前倾、目视对方、真诚微笑、主动问候	当与客户有目光接触时,主动朝客户点头示意,并说:"您好!"保持亲切友好的态度。点头时动作无须过大,也无须停下手头的工作或行走
握手	全体员工	注视对方热情友好,上身前倾脚跟并拢,立正姿势掌心相握,虎口相交力度七分,时间3s以客为尊	握手时,注视对方,面带微笑,上身前倾,脚跟要并拢,掌心相握,以客为尊,力度适当,时间3s,两人保持适当距离
引领	全体员工	面带微笑、走在客户左前方,保持一臂距离,指示时五指并拢,引路时留意客户	站在客户左侧,领先客户半步;引领时五指并拢,手臂弧形,呈标准站姿;引领过程中关注客户,提醒客户留意脚下
持物	全体员工	左手持文件夹,文件夹开口朝上,左手手臂略弯曲	左手持文件夹,略微弯曲手臂,文件夹开口朝上,封面朝里

四 维修服务接待的典型场景礼仪

在维修服务接待的过程中,有三个重要的场景需要特别重视服务顾问的礼仪。

1 服务接待台的环境礼仪

服务接待台是客户入店后首先接触到的环境。保持服务接待台的整洁美观十分重要,这样不仅方便自己的工作,更使客户在接待台交涉维修委托事宜时有一个舒适的环境。对于服务接待台的环境礼仪,建议执行5S素养管理(整理、整顿、清扫、清洁、素养),其中的关键是物品要摆放整齐,留出足够的空间以供使用,要定期清理(图2-12)。

图2-12　服务接待台的环境

❷ 到店场景的礼仪

客户到店时,经销店员工对客户表示欢迎和问候,能给客户留下良好的第一印象。能够与客户接触的每个服务人员都代表着经销店的形象。良好的服务礼仪和专业的服务是客户评价服务人员服务的依据,客户也从中判断自己是否受到尊重。

❸ 离店场景的礼仪

在客户离店时,服务人员要按照服务礼仪礼送客户离店,并感谢客户的惠顾。服务顾问作为衔接经销店与客户之间的信息传递者和情感交流者,是经销店售后服务工作中的重要角色,其工作中的一言一行都直接影响到客户对经销店的整体印象和服务满意度。

单元小结

(1)本单元从维修服务人员应知和应会的服务礼仪要点入手,从仪容、仪表、仪态、接待、电话等常用的礼仪环节进行了详细的说明,重点强调了在维修服务接待中个人及工作场景中需要注意和使用的礼仪常识,通过对这些常识的了解、学习和训练,帮助服务顾问在日常的维修服务接待工作中提高客户满意度,也增加了服务顾问的职业素养。

(2) 本单元给出了服务顾问最常用的礼仪要点,可参照进行日常的训练。

思考与练习

一、填空题

1. 服务礼仪就是服务人员在工作岗位上,通过_____、举止、_____等,对客户表示尊重和友好的行为规范和惯例。

2. 手势礼仪要点主要包括三项:幅度适度、_____、避免不良手势。

3. 女性员工的个人礼仪要点主要包括头部、手部、着装、_____等。

二、判断题

1. 服务人员是从座椅右侧入座,坐椅子的1/3,坐下后,头部端正,双眼平视前方,腰背部直立,腿部垂直于地面,双膝分开,不超过肩。（   ）

2. 服务顾问开关客户车辆的发动机舱盖时,右手五指需并拢,放在客户腰际,提示客户小心。（   ）

3. 服务顾问需要客户签字时,递笔的要求是双手手指握笔,笔尖朝右,水平递到客户手中。（   ）

4. 女性员工入座前应用手背抚裙后再落座,落座后双膝并拢,双脚向一侧斜放,脚尖朝前,坐椅子的2/3,两手交叠自然放在双腿中间,右手搭在左手上。（   ）

5. 服务顾问应定期干洗西装,熨烫平整,上岗前对镜自检着装。（   ）

三、简答题

1. 维修服务接待中常见的礼仪要点有哪些?
2. 维修服务接待人员的仪容和仪表包括哪些内容?
3. 维修服务接待中的电话礼仪要点有哪些?

单元三 维修服务流程控制

 学习目标

1. 能说出常见的维修服务流程;
2. 能说出预约流程及工作要点;
3. 能掌握预约业务中各种场景应对;
4. 能初步进入服务顾问角色。

 建议课时

26课时。

维修服务流程是汽车维修企业为了提升车辆维修质量和提升客户满意度而设计的业务程序和工作标准。流程规定了业务的执行顺序、工作内容、工作对接与工作人员工作标准等。不同汽车品牌的维修服务流程有差异,但基本环节是一样的。

流程的价值在于统一操作,规避错误和漏洞,形成规范的工作环节;流程设置的初衷是提升客户体验,减少客户的不满意;流程是减少客户不满意的工具,要灵活运用流程,让流程成为习惯,且接受和应用它。

根据对目前主流中高端汽车品牌服务流程的调研,我们选取八个主要的方面对服务流程进行概述性说明。

单元三　维修服务流程控制

一　预约流程的控制及结果评价

客户满意度调查发现,"维修等待时间过长"和"不能按时交车"是导致客户不满的重要原因。

针对这些问题,汽车维修企业推行了预约服务。

(一)预约概述

1 预约的目的和重要性

(1)为客户提供更优质的服务,提高客户满意度,提升汽车服务的品牌形象。

对客户来说,预约可以享受如下待遇:预约来店客户享有服务优先权;客户可合理安排到店维修维护时间,节省非维修等待时间;企业可以预备好维修人员和设备,以便提供服务,缩短客户的维修等待时间;服务人员与客户接触时间充足,更利于沟通和掌握用户需求,确保车辆性能和维修质量;预约服务可减少客户为修车所花费的精力。

(2)合理利用企业资源,提高资源利用率和作业效率,为企业取得更大收益。

对企业来说,预约有如下优点:提高修车效率,保证交车时间,提高客户满意度;将配件准备时间、问题分析时间、人员调配时间放在车辆进厂之前,从而可以缩短生产周期;充分准备,有利于提高特约店维修维护质量,从而提升信誉和声望,增强竞争力;易于管理,合理安排修理任务和时间,避免人员和设备在高峰期疲劳作业,而其余时间资源无效闲置。

2 客户对预约的期望

客户往往会这么想:预约对我有什么好处?怎样才能减少在店等待时间?到4S店后是否能立即受理?是否能保证方便、快捷、专业?能否以我想要的时间安排车辆维护?电话沟通时能否快速接听并有专业的解答?进店后能否更多专享服务?能否按照规定完成约定的维护项目?能否按约定时间取回车辆?了解客户的这些期望,是做好预约服务的关键。

3 预约需要注意的事项

(1)硬件方面。预约服务需要以下硬件设备:专用电话;预约单、预约汇总表;常用配件价格公示表;常规项目工时价格公示表;预约工作分配板/维修进度看板、预约管理看板;预约欢迎看板、预约车顶牌/前风窗明示卡;休息区预约宣传(板或易拉宝)。

(2)人员方面。预约服务要配备相应的预约电话客服专员;了解预约信息;

熟悉车辆的技术问题；预约电话接听结束后必须要做相应的准备。

目前，执行预约的大多是预约专员；对应客户的主动预约，服务顾问也要担当预约的角色。

(二)预约流程及工作要点

1 预约流程

预约流程分经销店主动预约和客户主动预约两种，如图3-1所示。

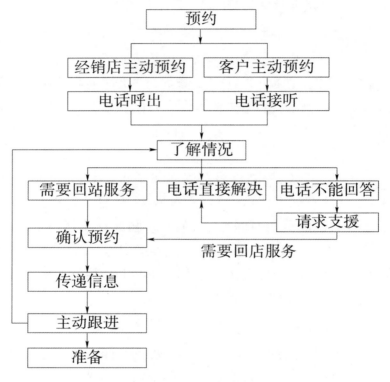

图 3-1　预约流程

2 预约的关键点

经销店主动预约的关键点有：预约招揽、电话预约、预约确认（预约前一天）、预约前一天准备、预约日执行。

客户主动预约的关键点有：接听预约电话、预约确认（预约前一天）、预约前一天准备、预约日执行。

3 操作步骤

经销店预约服务的操作步骤共分五步，分别是：预约招揽、电话预约、预约确认、预约前一日准备、预约当日执行。

（1）操作标准：根据预约系统的提示，对当日需进行预约招揽的客户进行确认；对已确认客户发送微信或短信；预约前一天与客户确认预约，先发短信提醒，再电话提醒确认；人员和工位安排确认；零部件确认；预约管理板制作；完成相关单据等准备工作；客户准时来店、客户未准时来店、客户提前来店、客户在约定时间30min后未来店、客户延时来店、客户未能来店的工作应对。

（2）方法或话术：根据系统记录确认客户名单；发送短信或电话与客户确认；短信内容："温馨提示：您已预约明天××时来本店做×××km的维护，维修时间约为×××min，费用约×××元，我们恭候您的来临。如能准时来店请短信回复'确认'。谢谢！×××店。"电话内容："此次来电是提示您已预约明天××时来本店做×××km的维护，请问您确认准时来店吗？"如客户能准时来店则可以说"感谢你的支持，我们明天恭候您的到来。"如客户无法准时来店则可以说"那您看明天××时或××时方便吗？""那您看明天什么时间方便？"

根据预约车辆提前安排维修技师、服务顾问和工位；客户来店前15min准备好工位、5S质量管理和相应维修项目所需工具和辅助材料等；零部件室应确认相应的零部件库存是否充足；根据系统中"售后—接待：预约状态"查询每个预约客户维修项目，进行提前备料。按服务顾问的姓名和客户预约的时间填写预约管理板；事先手工填好快速服务单并放至预约管理板下的工单架，准备好快速服务单和防护四件套。

客户准时来店后，按标准接待流程迎接客户；对来店过早的客户可以说"非常抱歉，×××先生/女士，您预约的时间是××时，我们的工位都是安排好的，您可能要等一会儿，我尽力给你安排"；对提前15min内来店客户则立刻按接待流程执行并迅速通知车间准备作业。

服务顾问对预约时间30min后未来店客户进行电话关怀，并将信息填入预约客户未来店跟踪表后传递给客服人员（表3-1）；电话中客户提出延时来店，则根据车间状况和客户需求安排适宜时间，如能确认，通知引导人员、车间更改看板。电话中客户表示当日无法来店，按特约店主动预约流程，建议客户更换合适的时间。

预约客户未来店跟踪表　　　　　　　　　　　表3-1

序号	客户姓名	车牌号	联系电话	本次预约的项目	未到店原因
1					
2					

续上表

序号	客户姓名	车牌号	联系电话	本次预约的项目	未到店原因
3					
4					
5					
6					

（3）注意事项：如果客户针对提醒主动来电预约，则按客户主动预约流程执行；如果客户来电或短信确认无法来店，则按特约店主动预约相应程序处理。预约要结合特约店工位情况和客户时间进行安排。

客户未准时来店分客户提前和延时来店两种情况。对未准时来店的客户，根据特约店当时的工位实际情况给客户安排，并告知新的交车时间。对未准时来店的客户要提醒客户下次预约一定要准时来店。

（三）客户主动预约时的异议应对

随着人们时间观念的增强，客户主动预约也不断增多，在客户呼入电话进行售后服务预约时，在预约确认环节，会存在以下异议：客户偏好的时间没有位置，客户坚持要在偏好的时间来店，客户偏好的服务顾问在指定的时间没空。出现这三种异议，该如何应对呢？

可以尝试利用"LSCPA"的话术技巧应对客户异议。LSCPA话术法见表3-2。

表3-2 LSCPA话术法

技巧描述	参考话术
聆听（L-listen） 细心聆听潜在客户的表达，不要打断潜在客户，不要直接反问潜在客户，即便是异议，也不要急于辩解	如果潜在客户表达较长，你可以在中间加上："嗯""是""我明白"等附和
分享认同感受（S-share） 充分体现同理心，对潜在客户的观点和感受表示理解和认同，这样对方感觉被尊重了，后面回答你提问时会更配合，接受你的说辞时也会更客观	（1）（针对我没有时间）"我理解，您管理着这么大的公司，肯定是很忙的了"； （2）（针对我没有什么兴趣）"我理解，现在各种各样的活动确实很多，像您这样的名人肯定常常受到各种邀请的"

续上表

技巧描述	参考话术
澄清异议（C-clarify） 潜在客户的异议通常比较笼统，同样的异议，背后的原因可能不一样，这个步骤是通过转述潜在客户疑虑，并提问以了解潜在客户拒绝的真实原因，这样你后面提供的方案或说词才能对症下药，询问也可以争取一些时间，在聆听对方原因的时候，构思你下面提出什么样的方案比较恰当	（1）"您是说平时工作太忙了，那您周末是否有空呢"； （2）"哎，张总，如果您对车展不感兴趣，那您能不能告诉我主要原因是什么呢，比如：人多拥挤，里面的饮食比较差，地理位置比较远，还是别的原因？您比较喜欢什么样的活动形式呢？我们办活动的时候，可以借鉴参考您的宝贵意见和建议"
提出你的方案（P-present） （1）针对潜在客户异议的原因，提出你的观点和解释说服潜在客户； （2）在提出方案时，更多地强调能给潜在客户带来哪些切实的好处，好处越多，潜在客户的参与欲望度才会越强烈	"谢谢您的建议，其实我们这次的安排已考虑到您刚才提到的想法，所以我们这次邀请的人数不多，特别考虑的一点就是节省您平时四处看车的时间成本和精力消耗，而且这次请的也都是精英人士，正式您扩大社交圈的好平台。"
要求顾客行动（A-ask for action） 要求潜在客户做决定	"这样吧张总，我先帮您预留名额，如果您到时还是有什么事来不了，我们再看看如何调整。您看我是给您寄几张请柬呢"

LSCPA 是处理潜在客户异议的技巧，当潜在客户提出不同意见、看法、观点或拒绝时，如："我没有时间""我没有兴趣""这种活动我已经参加过很多了"等，你可以用这个技巧让潜在客户感到你尊重和理解其想法和观点，找出其异议的原因，提出你的建议，让潜在客户感觉你是为其着想的，让潜在客户接受并采取行动。

❶ 客户偏好的时间没有工位时的应对

（1）背景。客户主动致电预约维修，但选择的时间段恰好是通常的高峰时间段。

(2)说明。客户专员除了尽量满足客户的要求进行售后服务的预约,也有责任引导客户尽量避开高峰时间段,避免扎堆服务,造成维修站拥挤或者有明显的闲时,服务不均。

(3)建议话术。

"张先生,感谢您来电预约,不过非常抱歉,今天下午1:30正好被前面的预约排满了,如果您方便的话我可以帮您安排在3:30或明天早上9:30时段,此时段我们能及时地为您安排资深的维修顾问及技师给您的爱车做详细的检查,您的维修时间也将会相应地快一些,您看可以吗?"

客户:"我都已经提前预约了(提前1小时致电服务中心),你们还是安排不了我要的时间,那预约有什么用呢(L)?"

"非常抱歉,张先生,非常能理解您的时间安排很紧张(S)。我们非常鼓励客户能提前预约进行售后维修保养,节省客户的时间,提高我们的服务效率和服务质量。不过我们的预约机制通常是提前24小时预约,临时提前1小时的预约确实有时候不太方便,这次您要的这个时间确实已经被其他客户预约了,您看这次先给您安排我们推荐的这两个时间,下次您再早些预约(P),可以吗(A)?"

客户:"那就先预约3:30的吧。"

"好的,谢谢您的理解和支持。张先生,我们这里有您熟悉的服务顾问吗?"

"没有。"

"那我帮您安排一位?"

"好的。"

❷ 客户坚持要在偏好的时间来店的应对

(1)背景。客户主动致电预约维修,但选择的时间段恰好是通常的高峰时间段。

(2)说明。客户专员除了尽量满足客户的要求进行售后服务的预约,也有责任引导客户尽量避开高峰时间段,避免扎堆服务,造成维修站拥挤或者有明显的闲时,服务不均。

(3)建议话术。

"张先生,感谢您来电预约,不过非常抱歉,明早9:30正好被前面的预约排满了,如果您方便的话我可以帮您安排在8:30或11:30时段,此时段我们能及时地为您安排资深的维修顾问及技师给您的爱车做详细的检查,而且避开高峰时间段,您的维修时间也将会相应地快一些,您看可以吗?"

"哦,这样,可是我就9:30分有空。"

"非常抱歉,张先生,我知道您平时工作很忙(S)。明天这个时段刚好是高峰期,预约也确实排满了。您看要不这样,先给您排一个别的时间,如果有客户临时取消9:30的预约,我马上就给您安排(P),您看好吗(A)?"

客户客户:"哦,这样,那我什么时候能知道我能否预约上明早9:30的呢?"

"张先生,是这样的,如果有人取消,我们的系统上会显示有空位,我会随时查看我们的系统,如果有空位马上就给您安排,这个时间我目前还确定不了,所以,我会在下午6:00下班前打电话告诉您是否有人取消。另外,我们也需要提示您,有故障还是要尽早处理。所以,我建议您先预约8:30的或11:30的,万一高峰期没有人取消,您也可以在这个时段过来,您看好吗?"

客户:"那就先预约8:30的吧。"

"好的,谢谢您的理解和支持。张先生,我们这里有您熟悉的服务顾问吗?"

客户:"没有。"

"那我帮您安排一位。"

❸ 客户偏好的服务顾问没有时间的应对

(1) 背景。维修客户张先生来电预约明早9:30来店维护,点名要××服务顾问接待。但在客户预约的时间,正好该服务顾问已被安排接待其他预约顾客了。

(2) 说明。如果客户坚持一定要指定的服务顾问,则让客户选择其他时段,同时告知其他时段的好处。

(3) 建议话术。

客户:"我想明天上午9:30到你们店做个维护,××在吗?一定要安排他,我的车一直都是他接的,他对我的车比较了解。"

"好的,我帮您查一下他的时间安排。先生,我能先了解一下如何称呼您吗?"

客户:"姓张。"

"张先生,您好,请问您是做B套餐还是A套餐?"

客户:"A套餐"

"非常感谢您的来电预约。××是我们这儿非常资深的服务顾问,感谢您对他的认可和信任。张先生,我理解如果××来接,又熟悉您的车辆情况,您会更加安心,只是他在9:30已经有预约的客户了。不过,我们这儿还有其他经验也很丰富的服务顾问,老客户们的口碑同样很好。为了节省您的宝贵时间,我这次帮您在同样的时间安排一位别的资深服务顾问,您看这样好不好?"

客户:"这样啊……"

"如果,您还是不放心的话,我们可以建议××先和另外安排的服务顾问交代一下您车辆的情况,而且我们也会安排服务顾问事先和您电话沟通的,这样既节省您的宝贵时间,也可以让服务顾问事先更加了解您的车辆使用情况,让您更加放心。

你看这样可以吗?"

客户:"也好,那就这么安排吧。"

"8:30—11:30,那您看你什么时间方便呢？早上或者中午？"

客户:"11:30吧。"

如果此时客户不同意安排其他服务顾问的应对:

客户:"别人我不放心,就要他来接。"

"嗯,我理解,不过这个时间真的是非常不巧,其他顾客也是指定要他来接,您看如果您的时间允许,建议您预约在8:30或11:30,由于这个时间段是非高峰时段,××维修顾问在此时段也将能花更多的时间来为您服务,另外,我们这里有免费午餐,您11:30过来,可以利用午餐时间做保养,两不耽误,您看可以吗?"

客户:"那就11:30吧。"

(四)预约流程的任务训练

该训练以定期维护事宜的电话预约任务为例。

该项目旨在帮助学生确立预约人员或服务顾问的角色,能够按照经销商客户应对标准的流程来接受客户有关定期维护的预约。服务顾问应客户要求成功填写派工单以及预约控制日志或经销商管理系统。

(1)任务基本情况:××月××日,客户(老客户)希望从经销店那里了解有关××车40000km定期维护的服务项目及价格。客户车辆信息:车辆型号×××××,里程40022km,购买日期×××年××月××日。

(2)客户要求/期望。该任务中客户的要求和期望有:

①如果含备件费在内的费用低于300元,则客户希望接受这项服务。

②客户希望在周二上午8:00将车送到经销商处,并希望当晚取车。

③客户需要有接送车或汽车将其送到最近的×××站。

④客户想用经销商会员信用卡支付,这样客户可享受10%的折扣。

⑤客户没有其他担心的问题。

⑥客户只是想确保在临近的假期内能够毫无顾虑地安全旅行。

(3)客户角色要求。假定您是客户,您给经销店致电,为您的××车预约40000km定期维护服务。在角色扮演中不要提供以下信息,除非特别问到。每个问题提供一条信息：

①如果含备件费的费用低于300元,您希望接受这项服务。

②您希望在下周一上午8:00将车送到经销商处,并希望当晚取车。

③您需要有接送车或汽车送您到最近的×××站;您想用经销商会员信用卡支付,这样可享受10%的折扣。

④您没有其他担心的问题。

⑤您只是想确保在临近的假期内能够毫无顾虑地安全旅行。

(4)观察员角色要求。观察员在角色扮演中要清楚客户给经销店致电询问为其××车提供40000km定期维护服务的价格。重点观察在预约过程中服务顾问是否注意了以下的事情：

①如果含备件费在内的费用低于300元,则客户希望接受这项服务。

②客户希望在周二上午8:00将车送到经销商处,并希望当晚取车。

③客户需要有接送车或汽车将其送到最近的×××站。

④客户想用经销商会员信用卡支付,这样客户可享受10%的折扣。

⑤客户没有其他担心的问题。

⑥客户只是想确保在临近的假期内能够毫无顾虑地安全旅行。

(5)任务综合评定。该任务综合评定项目见表3-3。

任务综合评定项目　　　　　　　　　　　　表3-3

综合评定	完成		没有完成
	良好	有待提高	
1. 语调和清晰度			
2. 保持客气和礼貌			
3. 提问并使用浅显易懂的语言			
4. 不打断客户谈话			
5. 记录			
活动检查			
1. 立即接听电话(铃响三声之内)			
2. 报出公司名称、您的姓名并提供帮助			
3. 在对话过程中询问并称呼客户的姓名			

续上表

综合评定	完成		没有完成
	良好	有待提高	
4. 对于老客户,确认客户信息			
5. 通过提问弄清客户担心的问题和/或服务需求			
6. 在预约控制系统或日志中输入有关客户要求的说明			
7. 询问客户最方便在什么日期和时间进行预约			
8. 确定能够交车的日期和时间			
9. 告知客户,所定的预估时间将在他/她将车送交特许经销商后得到确认			
10. 确认客户是否需要替代交通工具			
11. 重复客户预约的相关信息			
12. 向客户致谢,结束谈话			
其他评语:			

预约过程中要随时关注预约情况,预约控制日志(表3-4)是一个很好的工具。

预约控制日志　　　　　　　　表3-4

序号	预约时间	客户姓名	电话号码 H:住宅 O:办公室 M:移动电话	车型	牌照号	所需的维修	交付		固定工时最大小时数	注释	替代交通工具
							时间	日期			
示例	7:00		M				17:00	1	2.0		接送车
1											
2											

续上表

序号	预约时间	客户姓名	电话号码 H:住宅 O:办公室 M:移动电话	车型	牌照号	所需的维修	交付		固定工时最大小时数	注释	替代交通工具
							时间	日期			
3											
4											
5											
6											
7											
8											
9											
10											
11											
12											
13											
14											
15											

二 维修接待准备

(一)准备的概述

❶ 准备的重要性

有准备的服务能提高工作效率,减少客户等待时间;良好的准备可以提高车间工作效率,确保各环节之间的信息传递到位。

❷ 客户对准备的期望

预约车辆进店能及时得到接待并开展维修工作;维修工作中无因意外发生而导致的客户等待。

❸ 准备需要注意的事项

(1)硬件准备,主要包括:预约工位、工位工具/特殊工具、工位工具箱、工具推车、辅料推车、预约管理看板、预约汇总表、预约欢迎看板。

(2)人员准备,主要包括:了解每日预约信息、填写客户预约欢迎看板、安排每日车间工位和工具配备、了解所需配件的库存情况。预约进店落实情况的核对需要每周进行一次汇总。

(二)准备的流程

准备包括前台准备和车间准备两部分,具体流程如图 3-2 所示。

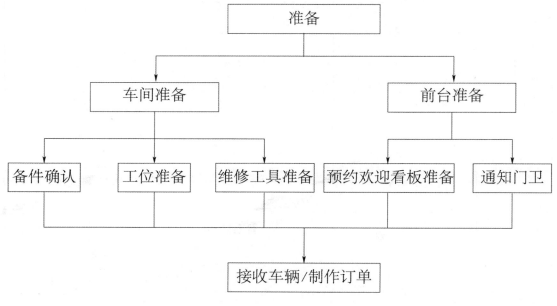

图 3-2　准备的流程

❶ 车间准备

(1)备件确认。备件部收到预约单后,查看所需配件的库存情况。如发现所需备件缺货或库存量低于最低备货量,备件经理尽快制作配件采购订单,并确定到货时间。备件经理须将相关情况反馈给预约单所对应的服务顾问。

建议在靠近备件仓库出口处另设一货架,专门存放次日预约车辆所需的备件,以提高备件领取效率。出现缺件或库存量低于最低备货量的情况,备件经理可请求从周边经销商/维修站调配备件;若备件未能及时到货,服务顾问通知服务经理,由服务经理向客户进行沟通解释。

(2)工位准备。快速专业维护工位(以下简称"快保工位")可作为预约工位使用,车间主管收到预约单后,根据预约时间通知相关维修小组/技师,维修小组组长/技师需了解当日的预约车辆台次、进店时间及服务项目,维修小组组长/技师需关注预约单上有特别标识的客户。车间当日接到服务顾问的预约通知,尽量在预约时间空出预约工位,并完成清洁工作,等待预约客户到来;如无法预留工位,则须确保预约客户的优先工位使用权。

建议工位上方额外悬挂"预约工位"标识牌。客户超时未进入工位,或超时15min后仍未接到服务顾问的预约确定通知,车间主管需及时主动通知服务顾问取消预约,并安排维修小组和工位接待其他车辆。

(3)维修工具准备。车间技师要确保每个快保工位均配备一套完整的维修工具,工具按照日常使用频次从高到低的顺序摆放在工具推车第一层上,无作业任务时,工具推车必须摆放在工位右上角落位置,维修小组/技师须定时对工具推车进行整理,确保工具摆放整齐,能够正常使用。

❷ 前台准备

(1)预约欢迎看板准备。服务经理在下班前将次日预约车辆信息填写在预约欢迎看板上。预约欢迎看板填写信息包括车牌号、客户尊称。

服务经理负责填写预约欢迎看板,并根据实际情况及时更新,确保每天开工前预约欢迎看板内容全部填写完毕,且无遗漏、无错误。建议预约欢迎看板放置在客户一进店即可清楚看到的位置。

(2)通知门卫。客户专员将预约汇总表一联在下班前交至门卫处,并提醒门卫关注预约汇总表上有特别标注的客户。

三 客户接待及维修工单制作

(一)客户接待基本知识

准备与接待实训

❶ 接待的重要性

接待是服务人员给客户留下良好第一印象的"关键时刻"。迅速、热情、友好、专业地接待能够体现对客户的尊重和关心,给客户留下深刻的印象,赢得客户的信赖,建立良好的互动关系,创造客户的喜悦,提升客户的满意度。

❷ 客户对接待的期望

在接待环节客户的期望有:服务人员能迅速出迎、热情服务;感到自己受到尊重。作为服务人员,了解客户这些期望对于提高客户的满意度是很有帮助的(图3-3)。

图 3-3　客户的期望

❸ 客户接待主要内容

客户接待贯穿于整个维修接待流程中,按照接待中的先后顺序,主要进行以下工作:欢迎/了解客户需求、车辆防护、预检/问诊、环车检查、同客户确定维修项目/维修时间/价格、核对客户信息/建立维修委托书/印维修委托书、五项确认/客户签字、安排客户休息。

❹ 客户接待流程

接待环节的流程如图 3-4 所示。

❺ 客户接待环节关键点

客户接待环节的关键点有三个:指引、引导、迎接。指引通过行礼、初步确认完成;引导通过问候、确认来意、通知、分流完成;迎接通过出迎和问候完成。该环节的变化点有服务顾问按作业类别、专业分工接待两个环节;环节增加点有示意停车、表示欢迎、客户询问作业类别、按作业类别,引导车辆停入接待工位、贴座椅定位贴。

接待环节的关键时刻主要有:入口至接待处指示是否明显;入口处是否设有明显的指示标牌,标牌是否清洁易懂;是否备有足够的停车位;对客户是否做到笑脸相迎,亲切问候;对刚到业务接待大厅的客户,是否能于 1min 内接待;如有问题客户是否知道应该对谁提出;业务接待是否能够诚心诚意的认真听取客户的要求;谈话中断的时候,是否向客户说明理由;业务接待是否能对客户提出的服务内容进行再度确认以保证真正理解;业务接待在最忙碌时是否能够及时应对客户的要求;检查车辆时,是否当着客户的面使用防护四件套;是否向客户确认无贵重物品或遗留物;业务接待是否做到与客户一起对照车辆,环车检查,写出可以看到的服务需要并就此与客户进行商量;如果顾虑太多,是否能请车间主任出面帮忙;业务接待能否做到倾听客户提出的问题,与客户一起发现问题。

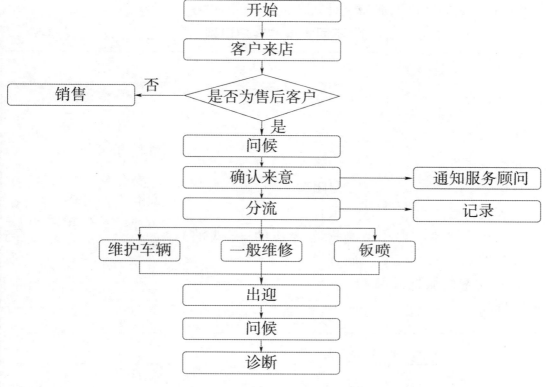

图 3-4　客户接待流程图

❻ 客户模式的区分

服务顾问通过热情、周到的接待活动可以了解客户信息,确定客户的行为类型,从而调整自己的行为方式,通过接待可以快速将客户带入舒适区。

服务顾问需要学习一定的客户模式知识,这样可以从客户的行为上确定客户为哪一类,进而有针对性地进行接待。

从性格上可将客户分为开朗型和内向型两种。开朗型客户喜欢与别人分享他们的感情、情绪和想法,内向型客户喜欢将他们的自己感情、情绪和想法保留起来而不对外。

从做决定的行为上可将客户分为主导型、分析型和社交型。主导型的客户性格开朗并且喜爱做决定,且决定做得很快,他们时常处于人们的中心,喜欢讨论他人,他们知道自己想得到什么及如何去得到;分析型的客户性格内向,但也喜欢做决定,他们不对别人谈及他们的目的,但却暗中努力实现,他们对自己的工作准备充分,对细节十分关心;社交型客户性格有可能内向,对想要达到的目标不明确,他们的决定与反应都是从别处得到的,他们喜欢被其他人所喜爱,也称"友好型"。

不同类型的客户识别和应对见表 3-5。

不同类型的客户识别　　　　　　　　表 3-5

主导型	分析型	交际型
性格特点		
语气强硬 充满攻击性 自信 爱表现自己 充满战斗精神 蔑视他人 喜穿时髦的服饰及佩戴装饰品	性格内向 封闭型 很有主见 喜欢合适的、正式的服装	性格开朗 对人友好 总有不确定感 对他人的事情很感兴趣 喜欢交谈 喜穿舒适的衣服
交流方式		
声音大 使用生动的语言 使用较多的身体语言 强烈的眼神交流 "你必须……" 这就是事实	沉默 较少的眼神交流 说话有根据 "你不认为……"	微笑 有身体语言 有眼神交流 害羞 "哇噢""太好了""我不知道"
办公室的布置		
显赫的 尽量大 时髦的家具	实用的 功能化的	舒适 放有家庭的照片

针对不同类型的客户，服务顾问应有不同的应对方法，见表3-6。

针对不同客户的应对方法　　　　表3-6

阶段	客户类型		
	主导型	分析型	友善型
开场	表示尊敬 容易开战	过程要简短 不要涉及个人情况	表示友好 让客户说话 对客户表示欣赏
需求评估	不拘泥于细节 快速通过	寻找细节与事实 注重理性动机	寻找感性动机 帮助客户寻求答案
产品展示	突出产品独特的卖点 介绍最新的款式	致力于产品的实用性 突出物有所值	展示与感性动机相联系的产品特性 运用个人的使用经历做参考 寻求反馈
处理抗拒和结尾	争论 一点点的争斗	提供消息	支持 处理对方不确定的因素
跟踪服务	偶尔的	有计划的	经常的

通过礼节、接待，了解客户的行为，调整自己的行为，让客户进入舒适区，因为他们来的时候并不舒适，他们有不确定的因素。针对客户不确定的因素，最好的解决方法就是概述。

(二) 客户接待过程

当客户开车来到维修站时，保安应礼貌问候并指引客户停车（图3-5），同时使用对讲机等通信工具通知服务顾问。

在这个环节中如果遇到雨雪天气，保安应使用雨具帮助客户下车至接待区。对于业务量比较大的网点，应该考虑在维修高峰期设立维修引导员，可以由服务顾问轮流担任，这样，可以在客户到了之后第一时间有人接待，使客户情绪更快地由焦虑区进入舒适区。

图 3-5　保安的迎接

客户接待环节主要是与客户沟通和服务的过程,一般有以下内容。

❶ 欢迎客户

服务顾问见到客户后第一时间应对客户进行主动、热情的问候(图 3-6)。这样做的目的是为接待工作创造愉快的气氛,使客户能够感受到热情、友好的氛围,尽快帮助客户进入舒适区。

图 3-6　主动问候客户

(1)任务。让客户感受到服务的热情与真诚,为建立客户的信任和消除客户原本可能存在的不满情绪打好基础。

(2)操作步骤与要点。热情和真诚确实要发自内心,不可做作和功利;在接待区见到客户必须起立迎接且进行问候;在停车区见到客户主动问候并指引停车;初次见面的客户主动进行自我介绍并双手递上名片(图 3-7)。

图 3-7　服务顾问的自我介绍

(3)标准动作示范。服务顾问应面带微笑(图3-8),双手握于腹前,身体略往前倾,要有眼神沟通,需要引导客户时用手势进行指引。

(4)标准语言示范。服务顾问应使用礼貌的语言,如"您好,欢迎光临""早上好""您好,请坐""您好,很高兴为您服务""您好,我是服务顾问×××,请问有什么可以帮助您的"。

图3-8 服务顾问的微笑

(5)高峰时间的处理。当遇到接待高峰,出现有客户等待时间超过10min时,作为服务顾问应该及时通知售后业务经理或者服务经理,临时抽调人手参与接待工作;服务顾问应该主动与等待的客户打招呼,例如:"先生,您先坐一会儿,再有几分钟就轮到您了。"

(6)服务经理和服务顾问应该采取多种措施应对接待高峰。售后业务经理或者服务经理参与接待客户;服务顾问可以负责欢迎和引导客户,安抚客户情绪;有些诊断工作和试车可以移交给车间处理;技术专家参与对客户车辆的诊断;可以先开具手写工作单据,事后再录入经销商管理系统。

❷ 初步了解客户需求

在服务顾问主动问候客户后应马上询问客户的需求。这样做的目的是根据客户的需求尽快进行相应安排。了解客户需求的过程称为需求分析。

需求分表面需求和深层次需求。客户说出来的往往是表面的需求,就像冰山一角(表面需求),其实客户的更大需求或者让其作出购买决定的需求往往是冰山下面的需求(深层次需求),这就是客户需求的冰山理论。在进行需求分析之前,服务顾问首先要理解构成需求的5个方面:客户的目标和愿望、客户的困难和难题、问题的解决方案、客户购买的产品或服务、客户对产品或服务的要求和标准。服务顾问在进行需求分析时,要更加关注客户的目标和愿望、客户的困难和难题,不要在客户购买的产品或服务上进行纠缠,这也是需求分析的意义和价值所在。通过"冰山理论"(图3-9),可以发现客户需求分为:理性需求、感性需求、主要需求、次要需求。

例如,客户前来修汽车空调,其主要需求是修好空调,而且要制冷;次要需求是越快越好,顺便检查车辆、洗车、打气;理性需求是价格便宜,保证质量,有保修;感性需求是觉得舒适。

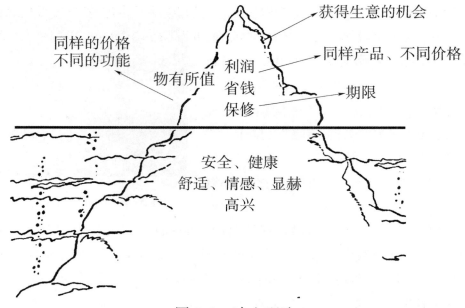

图 3-9　冰山理论

需求分析的方法主要是提问和积极式倾听。

（1）提问。通过提问可以引出话题，给出对话方向，鼓励对话方的参与；可以建立客户的信心，使客户有一种被重视、被认同、找到知音的感觉；可以表示出兴趣与同情，使合作关系更密切。

提问有开放式和封闭式两种。

开放式提问往往用来收集信息，帮助客户谈他自己的处境、生活和需求，有助于服务顾问更好地评估客户的需求，获得更多的信息。问题中有下列这些词：什么（你的职业是什么），哪里（你去那里上班），几时（你几时去），怎么样（你怎么样去），为什么（为什么回去），谁（谁来做最后决定）。

例如，您想要"什么"样的脚垫？您"几时"取车？"为什么"不想解决空调压缩机异响问题？您说的行车异响具体是指"哪里"？"谁"跟您说的 5000km 不需要做维护？

封闭式提问用来询问特定的回答或信息，对理解、确认、阐明主题十分有引导作用。

例如，我们"是否"将四条轮胎做一下调位？您"今天"取车还是"明天"取车？您"可不可以"告诉我您的通信地址？

（2）积极式倾听。积极式倾听主要指听话不要听一半；不要把自己的意思投射到别人所说的话上；理解客户的意思，帮助客户找出其需求。

积极式倾听中的技巧主要有探查和复述。

探查是对谈话者刚才所说的话题或听者所关心的话题进一步提问,是为了获得更多的信息,使说话者说得多一些或使听者找到更合适的问答。探查主要有详细式探查、阐明式探查、重复式探查、复述深入式探查四种。

详细式探查指当谈话者的话中没有包含足够的信息或部分信息没有被理解时所用的探查,例如,"关于这一点,你能再讲讲吗?"

阐明式探查指当信息不清楚或模糊时所用的探查,例如,"不想做免费检测是什么意思?"

重复式探查指在谈话者回避话题或没有回答先前的问题时用的探查,例如,"再请问一下,制动蹄摩擦片这次要不要换?"

复述深入式探查指在鼓励谈话者进一步深入地讲述同一话题时所用的探查,例如,"你说你对我们不满意?"

复述主要是将听到的信息反馈给谈话者并表达理解接受对方的意思。

(3)正确的对话技巧。在需求分析环节要学会运用正确的对话技巧,这样可以有效快速地沟通,准确把握客户的需求。常见的对话技巧有:使用客户能理解的语言、使用清晰简单的句子、话不要讲一半、平静而又自信地传递信息、交谈时紧扣重点、表现出同情心、对客户的不同意见表现出友好的态度、通知客户时意思表达清晰、提供客户正确的建议、确认客户的陈述。

(4)需求分析的关键环节。需求分析环节的关键点有很多,经过总结大概有以下几点:是否运用提问与倾听的技巧了解客户需求;是否向客户建议了我们的服务项目;是否说明了进行维护与维修的好处;当配件库存不足时,是否告知客户是以最短时间来订购配件的;是否想方设法快速而准确地制作报价单;价格是否合理,是否物超所值;是否对报价进行详细分析,以备应对客户;是否对维修进行估价;估价时事先提示客户,如有不明白的地方请客户一定问清楚;为了使客户清楚价格以及经营的服务内容,是否在接待处加以明确表示;是否确认了与客户的联系方式;客户服务项目有变动时,是否立即通知了维修工、车间主管、配件人员;报价单有变化时,服务顾问是否事先征得了客户的认可。

(5)需求分析的任务:尽可能快地了解客户此行的目的并作出对应的安排或指引。

(6)需求分析操作步骤与要点:客户到维修站的目的可能是维修、维护车辆,购买精品、购买保险、参加活动、咨询中的一种或几种,了解到客户明确的需求后能够有效、快速地进行指引和安排。询问时注意聆听,不要强加自己的主观意识,分清客户的主要目的和次要目的,避免思维定式,主次不分。客户有时会忘记部分需求,服务顾问可进行主动提示。

(7)标准语言示范。在该环节中服务顾问可采用下面的语言:"您好,请问我能帮您做些什么?""您好,此次除了做维护之外,还需要我帮您做些什么?"

❸ 车辆防护

在初步了解客户需求之后,如果判定客户车辆需要进行维修或维护作业后,服务顾问应在第一时间对客户车辆进行防护,这样做的目的是对客户车辆的重视,体现着服务顾问对客户的关心和尊重,使客户感觉舒适。

(1)任务:使用防护四件套,快捷、到位地对客户车辆进行防护。当着客户的面安装防护,先放脚垫(图3-10),然后套换挡操纵杆,再铺椅套,最后套转向盘套。安装防护措施时要用下面的话术对应:"×××先生/女士,我们将用5min时间一起做车辆内部和外观的环车检查,现在让我先用防护套把车辆的座椅、转向盘等罩上,以免弄脏内饰"。

图3-10 车辆防护

(2)操作步骤与要点:在未使用防护四件套时,禁止任何工作人员进入客户车内,即使客户表示不用,在进入车辆之前也必须使用防护四件套,这样可展示出我们的工作作风和对客户车辆的重视程度。车辆防护不只是使用防护四件套,在驾驶客户车辆、开关车门、检查电器故障时都要小心、轻柔,决不可在和客户交谈时趴靠开启状态的车门或倚靠车辆。

使用座椅定位贴在门槛上对座椅位置进行标记,位置以座椅最前沿为定位点。这也是客户关怀的一个重要点,不随便调节客户的习惯驾驶位置。

❹ 车辆预检

许多客户到4S店来不仅仅是为了维护或者有很明确的维修要求,很多客户是觉得车辆某些方面可能有问题,这就需要服务顾问能够通过问诊和车辆预检发现问题并以专业的知识为客户提供维修建议,或者消除客户的疑虑。高效、准确的问诊和预检工作,能够使服务顾问从一开始就发现客户车辆问题所在,从而避免浪费时间及反复与客户沟通,提高一次修复率。

（1）预检的重要性。通过预检可以增加维修项目，进行服务营销，增加单车产值。服务顾问应该仔细地进行预检。

（2）客户对预检的期望。在预检环节，客户希望服务顾问能仔细倾听其关于车辆故障的描述和维修需求，能认真专业地主动询问、当面做进一步的实车检查，能主动检查出车辆的其他故障问题。了解客户的这些需求，对做好诊断工作、提升客户的满意度是至关重要的。

（3）预检环节流程图。预检环节的流程如图3-11所示。

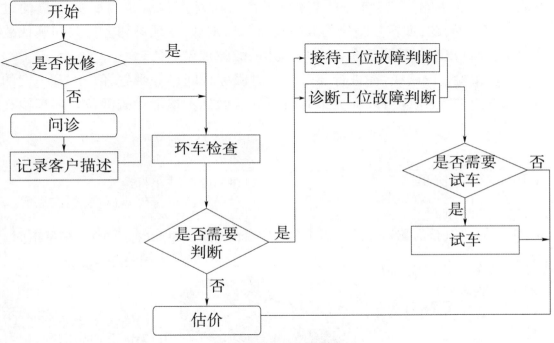

图3-11　预检流程图

（4）预检任务。通过预先检查，发现车辆存在的潜在问题，并建议客户进行修理。

（5）操作步骤与要点。当客户抱怨车辆有问题而不能直接判断时，当遇到车辆使用年限超过2年或者车况较差的报修车辆时，要积极进行预检工作。

车辆预检的方法有很多：对于车辆年限超过质保期的车辆应该按照《车辆入场检查》文件的要求进行检查；对于客户抱怨有问题的车辆应该根据客户的描述重点检查，必要时请求技术专家的帮助；可以充分利用预检工位的举升机进行检查，特别是对车辆底部的检查。

（6）环车检查。在正式确立维修内容之前，服务顾问需要和客户一起对车辆进行仔细检查。这样做的目的是和客户共同确认并记录车辆情况，帮助客户了解自己车辆的基本情况,保证客户在取车时与车辆情况保持一致。

①任务:快速对车辆外观、内饰、发动机舱和行李舱进行检查,对于发现的问题及时告知客户相应解决方案并予以处理。

②操作步骤与要点:环车检查的主要步骤是检查车内,检查外观、轮胎,检查发动机舱,检查后行李舱。对检查中发现的问题必须客观准确地告知客户;如客户报修检查异响或线路问题,重点检查故障部位附近的外围,是否有维修过的痕迹;将检查中发现的问题准确地记录在工单上;在检查中发现自己不能处理的问题不要按自己的想法敷衍客户;环车检查也是服务销售的过程,严禁夸大问题;如客户报修的故障现象可以重现,在现场和客户共同确认故障现象,保证出现的故障现象和客户描述的故障现象一致。

③环车检查的路线:在进行环车检查时服务顾问最好带着客户沿着一定的路线和方向进行,这样可以大大节省时间并且做到不遗漏检查部位。环车检查一般按照六方位进行(图3-12)。

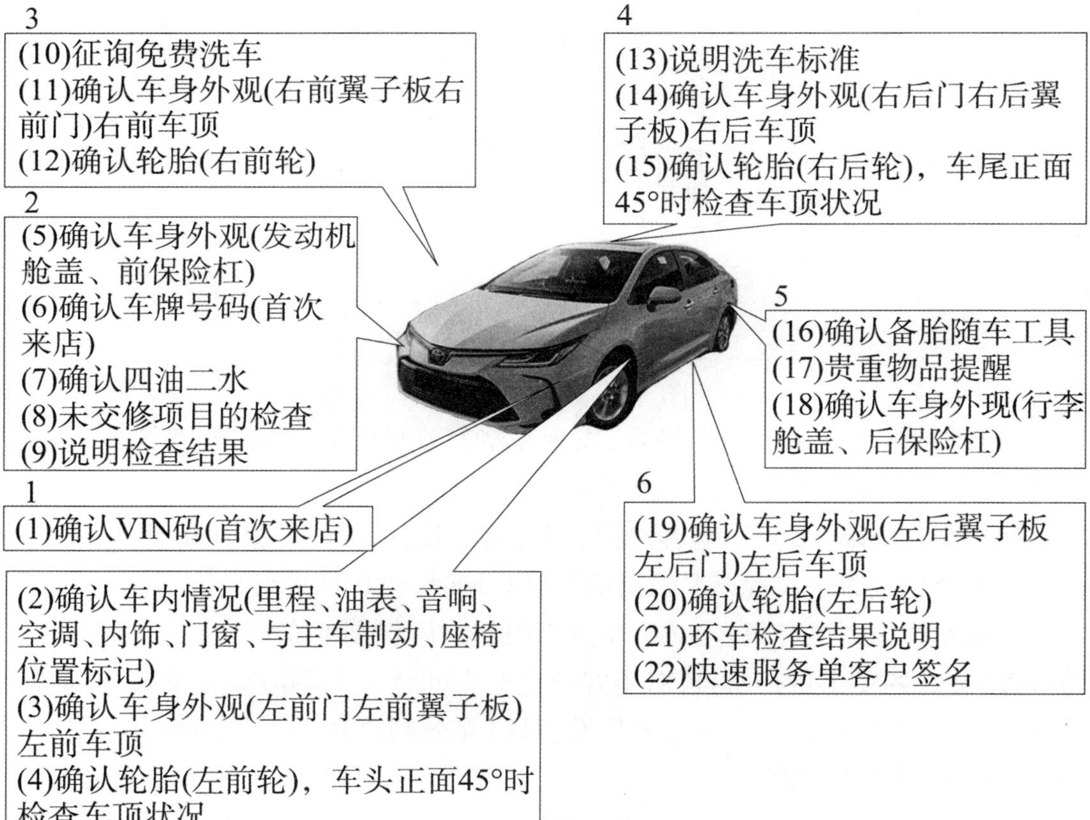

3
(10)征询免费洗车
(11)确认车身外观(右前翼子板右前门)右前车顶
(12)确认轮胎(右前轮)

4
(13)说明洗车标准
(14)确认车身外观(右后门右后翼子板)右后车顶
(15)确认轮胎(右后轮),车尾正面45°时检查车顶状况

2
(5)确认车身外观(发动机舱盖、前保险杠)
(6)确认车牌号码(首次来店)
(7)确认四油二水
(8)未交修项目的检查
(9)说明检查结果

5
(16)确认备胎随车工具
(17)贵重物品提醒
(18)确认车身外现(行李舱盖、后保险杠)

1
(1)确认VIN码(首次来店)
(2)确认车内情况(里程、油表、音响、空调、内饰、门窗、与主车制动、座椅位置标记)
(3)确认车身外观(左前门左前翼子板)左前车顶
(4)确认轮胎(左前轮),车头正面45°时检查车顶状况

6
(19)确认车身外观(左后翼子板左后门)左后车顶
(20)确认轮胎(左后轮)
(21)环车检查结果说明
(22)快速服务单客户签名

图3-12 六方位环车检查图

建议环车检查路线:从左前门开始,首先打开左前门,查看里程数并打开发动机舱盖,然后检查左前翼子板、车辆前部、发动机舱、右前翼子板、右前门、右后门、右后翼子板、车辆后部、行李舱、左后翼子板、左后门、左前门、车辆内部,视线要从上到下,特别是保险杠下部、轮胎及轮毂、车门槛下部、后视镜等容易忽视的地方。

④检查的主要内容。

车外部:车身漆面是否损伤,玻璃、后视镜、轮胎、前照灯和尾灯、天线、车标等(图3-13)是否完好齐全。

图3-13　车外部检查

车内部:检查座椅、仪表板、仪表警示灯、油量、里程、按钮、控制面板等(图3-14)。

图3-14　车内部检查

发动机舱:各种油位、液位、发动机状况、水箱等(图3-15)。

图 3-15　发动机舱检查

行李舱：随车物品、备胎、随车工具等（图 3-16）。

图 3-16　行李舱检查

特别需要提醒的是，服务顾问在检查中发现的任何问题都应该给客户指出来，并在维修委托书上注明，请客户签字确认，这样可以避免交车时出现纠纷，同时询问客户是否需要修理，这样可以增加单车的产值（图 3-17）。

图 3-17　车身划痕的提醒

在预检过程中要注意使用环车检查预检单(图3-18)。详细的预检单可参考图3-19。

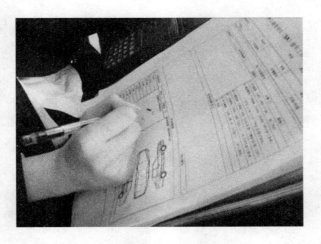

图3-18 环车检查预检单

环车检查				
非索赔旧件		带走 □ 不带走 □	外观检查(有损坏处○出)	
转向机		油量显示(用→标记)		
车内仪表					
车内电器					
点烟器					
座椅座垫					
车窗					
天窗					
后视镜					
安全带					
车内饰					
刮水器					
全车灯光					
前车标	后车标	轮胎轮盖	随车工具	其他
拖车人签字:				客户签字:	

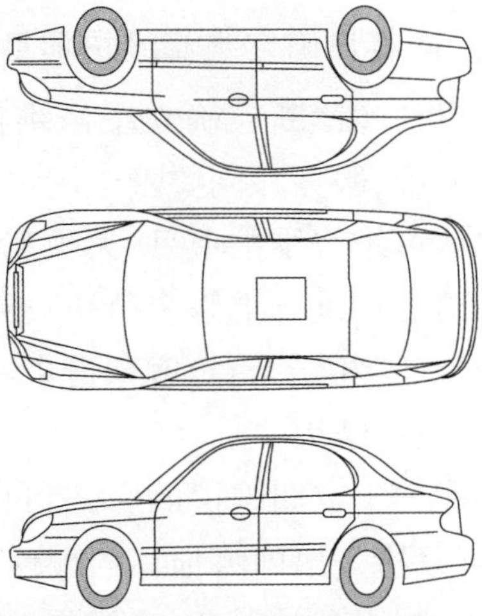

图3-19 环车检查单

车辆环车检查后,要引领客户来到接待台。走到台前,拉出座椅,请客户坐下,询问客户喝什么饮料,倒饮料给客户,返回工作台,坐在自己座位上(图3-20)。

图 3-20　引领客户到接待台

❺ 同客户确定维修维护项目

经过初步诊断应确立维修维护项目,并向客户介绍该项目。在介绍维修项目的过程中,服务顾问要善于用销售的思维与客户进行交流,这样可以更好地促进客户认可维修维护项目,为顺利签订维修工单奠定基础。

在给客户进行维修产品和服务内容介绍时,要将"给客户带来的益处"与"服务本身特性"相结合,给客户带来实际的感觉。做产品和服务介绍时要以理性为前提,感性作结束。

例如关于定期维护的介绍可以这么说:定期维护是依据维护手册检查表进行的,可以检查出即将损坏的配件,可以预先了解花费的多少。按时进行定期维护可以控制用车时间,明确预算(节省时间与金钱)。可以安心地使用爱车而不必担心会出故障,如果车辆坏在山上或高速公路上将是一件危险的事,所以建议您按时来进行定期维护。

上面的介绍可以归纳为 FAB 话术法则。

FAB 话术法则是销售理论中一个很重要的话术法则,它提供了一个向客户介绍商品的话术逻辑,通过该法则可以将产品的特点、功能和客户获得的利益结合起来,促进客户对汽车产品的购买。

(1)FAB法则介绍。

FAB法则,即属性、作用、益处的法则,按照这样的顺序来介绍,就是说服性演讲的结构,它达到的效果是让客户相信你的产品是最好的。FAB法则是销售技巧中最常用的一种说服技巧。

①属性(Feature):人们经常把它翻译成特征或特点,而且很多服务顾问至今还把它翻译成特征或特点。特征,顾名思义就是区别于竞争对手的地方。当你介绍产品且与竞争对手的产品进行比较时,就会让客户产生一定的抵触情绪。原因是什么?因为在销售的FAB中不应把Feature翻译成特征或特点,而应翻译成属性,即你的产品所包含的客观现实所具有的属性。比如,讲台是木头做的,木头做的就是产品所包含的某项客观现实、属性。

②作用(Advantage):很多销售服务人员把它翻译成了优点,优点就是你比竞争对手好的方面,这自然会让客户产生更大的抵触情绪,因为你所面临的竞争对手非常多,相似的产品也很多,你的产品不可能比所有的产品都好。现实中的每一种产品都有各自的特征,当你说产品的某个功能比竞争对手好的时候,客户就会产生非常大的抵触情绪。实际上,在销售中把Advantage翻译成作用会更好一些,作用就是能够给客户带来的用处。

③益处(Benefit):就是给客户带来的利益。比如,讲台是木头做的,而木头做的给客户带来的益处就是非常轻便。

用FAB法则这样解释:这个讲台是木头做的,搬起来很轻便,所以使用非常方便。这样的结构,是说服性演讲的结构,只有这样的结构才能让客户觉得你的产品满足了其需求,并且愿意购买你的产品。

F、A、B三个环节是环环相扣的,产品首先会具备F的属性,从而具有A的作用,这样也就可以带给客户B的益处。简单吗?真是够简单的,但是要能够灵活运用,却也是需要花费一些工夫的。

(2)FAB法则应用说明。

①什么是属性?一只猫非常饿,想大吃一顿。这时销售人员推过来一摞钱,而这只猫没有任何反应——这一摞钱只是一个属性(Feature)。

②什么是作用?猫非常饿,躺在地上,销售人员过来说:"猫先生,我这儿有一摞钱,可以买很多鱼。"买鱼就是这些钱的作用(Advantage)。但是猫仍然没有反应。

③什么是益处?猫非常饿,想大吃一顿。销售人员过来说:"猫先生请看,我这儿有一摞钱,能买很多鱼,这样你就可以大吃一顿了。"话刚说完,这只猫就飞

快地扑向了这撂钱——这就是一个完整的FAB顺序。FAB的含义分别在上边三例中做了解释,但要更深层次地理解FAB,销售人员需要知道FAB的前提条件,那就是——需求。

什么是需求?猫吃饱喝足了,这时销售人员继续说:"猫先生,我这儿有一撂钱。"猫肯定没有反应。销售人员又说:"这些钱能买很多鱼,你可以大吃一顿。"但是猫仍然没有反应。原因很简单,它的需求变了。它不想再吃东西了,或许是想见它的朋友了。

由此可见,需求是FAB的基础,没有了需求,无论是FAB还是什么销售技巧,一切都将无从谈起,销售过程实际上就是发现、把握和满足客户需求的过程。所以,现在也有人将FAB法则发展为NFAB法则,其中N,就代表了客户的需求。

(3)如何应用FAB法则。

建议对FAB的概念进行深层次理解,将其变成专家语言、傻瓜语言、客户价值。专家语言用于和技术客户沟通,傻瓜语言用于和非技术客户沟通,客户价值则用于和所有客户沟通。通过这一转化,可以很容易地把FAB的概念运用到销售过程中去。这样,销售人员既可以用这三种语言诠释产品的基础功能,也可以用它诠释产品竞争优势。实现了这种转化之后,FAB应用起来就变得很容易了。

(4)FAB法则在汽车服务接待中的应用。

将FAB法则应用到汽车服务接待过程中,服务顾问要经常问自己3个问题:客户掏钱,是冲着商品还是商品能带给自己的利益?介绍商品的时候,要把重点放在其特点还是特点带来的利益上?怎样给客户留下深刻的印象,创造有冲击力的介绍方式和话术?其中,第3个问题被服务顾问称之为冲击(Impact)。这样,FAB法则就发展成了NFABI法则,其中的I表示冲击的意思。

比如,客户很关心车辆动力的问题,此时,服务顾问可以向客户介绍更换火花塞的重要性。

"您好,通过刚才的沟通我发现您非常关心车辆的动力问题(N),这次打算给您更换铱金火花塞(F),这种火花塞发火性能好,火花强烈,并且使用寿命很长(A)。您如果这次更换了铱金火花塞,将大大提高您车辆发动机的燃烧性能,使动力得到很大的提升,同时增加了更换的周期,普通火花塞更换的周期是3万km,这种铱金火花塞可以使用6万km以上(B),这样好的火花塞,能充分体现您对车辆的关爱,大大提升车辆的动力性能,您还不更换吗(I)?"

(5)清除客户不同意见的话术——CPR异议处理方法。

当客户有不同意见时,表示客户想要了解更多的信息。对服务顾问来说,则有机会向客户提供更多的信息。解除客户的顾虑对所有和客户打交道的员工来说,都是一个非常具有挑战而关键的任务。CPR异议处理方法是一个经过实践证明了的有效话术框架,它可以有效地把一个问题变成一个创造欣喜的机会,即说明—复述—解决。

①说明(Clarify)。说明环节是指当客户有疑虑时,服务人员要请客户清楚地说明其疑虑所在。通过开放式提问,可以帮助服务人员正确理解客户的疑虑,并表现出服务人员对客户的关心。服务人员千万不能带着辩解的语气质问客户,要积极倾听客户的回答,因为客户的疑虑或许并不是你认为的那样。在这一步,服务人员可以使用与产品展示阶段类似的一些开放式问题,比如:"请问能否告诉我您为什么会这么觉得?您所说的是指……能否解释一下……"利用这些提问来更有效地确定客户这些疑虑的根源所在。

②复述(Paraphrase)。复述是指服务顾问完全理解客户的担心之后再复述客户的疑虑,用服务人员自己的话复述客户的疑虑,这样通过另一个人的声音,客户把疑虑表达了出来,使客户重新评估其担忧,进行修改或确认。复述客户疑虑的一大好处是:你可以换一种更有利于你做出回应的方法。这样做可以很好地解决原本可能会阻碍成交的一些疑虑。复述时,使用与在积极倾听时使用的相同语句进行确认:"我听您的意思是……如果我没有理解错的话……也就是说……"对客户疑虑进行复述时,应使用以上三种语句中的一种。

③解决(Resolve)。上述两个步骤的执行能为服务人员赢得时间和所需信息,从而更好地消除客户的反对意见。服务人员运用所掌握的品牌知识和产品知识、客户的购买动机和竞争对手的情况来组织自己的语言,为客户提供解答。回复客户前最好先表示认同客户疑虑中所表达的观点,用下列语句开始回答:"我感谢您对……的关注;我理解您为什么会对……有所顾虑……"通过对客户观点的赞同,客户会觉得你是站在其一边的,因而让你接下来所说的话都具有更高的可信度。消除客户的顾虑,可以以这样的话语来收尾:"我理解您的感受,我们不妨来比较一下原厂配件和副厂配件。您可以看到,我们的原厂配件与其相比是占优势的。"

(6)服务和产品介绍环节的关键点。

在该环节中有如下一些关键点:介绍时神情是否诚恳、关心;是否使用简明易懂的语言向客户说明;是否运用了数据和案例来说明;是否结合了益处和特性;客户有疑问时,服务顾问是否给予了耐心的解释;客户不感兴趣时,服务顾问是否仍然不厌其烦地推销其服务/产品;服务顾问对同一服务/产品的解释是否不一致;客户同意接受服务/产品时,服务顾问是否兴高采烈。

（7）任务。

通过服务顾问的专业知识能力,将客户的需求转化为我们的服务产品。

（8）操作步骤与要点。

对某些检查项目可能涉及客户使用问题导致无法索赔维修时,需要提前告知客户;将可能的收费告知客户,客户同意后再确定维修项目;对现场检查可以重现的故障现象,需向客户告知可能的维修方向,进一步确定维修方案的时间和联系方式;对现场检查无法重现的故障现象,需征求客户意见是继续使用观察还是留厂观察。只有见到故障现象才能进行相应检测。

6 估价与报价

通过需求分析,向客户提供可行的选择方案及报价,找出并解决问题,确定交修时间,最终获得客户承诺。

（1）报价。价格是客户很关注的因素,也是决定其是否购买维修维护服务的关键因素,恰当的报价方法可以使客户接受服务顾问的报价。常见的报价方法如下。

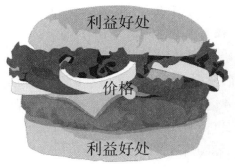

图3-21 "三明治式"报价

①"三明治"式报价（图3-21）。顾名思义,"三明治"分三层,所以报价也从三个方面进行价格说明。首先总结出你认为最能激发客户热情的、针对客户的益处,这些益处应该能够满足客户主要的购买动机,然后清楚地报出价格;最后强调一些你相信能超过客户期望值的、针对客户的益处。

②"价格最小化"法报价。该方法是将总报价分配到细小处,让客户不觉得太多。例如:"换一块原厂蓄电池500元最少可使用2年,等于每天还不到1元钱,却可以使你不用担心每天早上都有可能发生打不着火的情况,你认为值得吗?"

③"价格比较化"法报价。该方法是将报价和其他客户易于接受的事情进行比较,进而接受报价。例如:"做一次维护花200元,也就相当于吃一顿饭。"

④"将价格转化为投资额"法报价。该方法是将报价转换为客户的投资,从侧面打消客户的疑虑。例如:"彻底清洗喷油嘴,可增加发动机功效,降低油耗,省下的汽油钱是维修费用的好几倍。"

⑤"制作资产负债表"法报价。该方法是将报价转换为资产负债,从而打动

客户。例如:"你的车在我们这里上保险花近4000元就可以享受维修工费的九折优惠和免费救援、免费洗车等多种服务,万一车出了险还可以享受最快捷、最专业的服务,使用的全是原厂配件,您就会得到超值的回报。"

⑥"增加效益法"报价。该方法是将报价和客户获得的效益进行结合,让客户觉得划算。例如:"装一副倒车雷达1500元,可以避免不经意间对你爱车的损害,否则万一不小心碰到了别的物件,将会给您带来很大的麻烦。"

(2)找出并解决问题。当服务顾问要寻求客户认同时,客户的回答是"我再想想看",可能意味着存在下面的问题:竞争者更合适(信心),比想象中的还贵(购买力或需求),我想讨价还价(购买力),我认为不需要(需求),我负担不起(购买力),我做不了决定(购买力或信心),未能使我信服(信心或需求)。针对这种问题,服务顾问要本着为客户服务的态度争取双赢的结果,同时,要善于抓住客户的购买信号。当客户询问价格、杀价、询问何时交工时,当客户点头、微笑、身体前倾、仔细研究维修单、在纸上计算时,往往就是客户的购买信号。

(3)征得客户同意。经过产品和服务介绍及报价后,如果客户还在犹豫,服务顾问要采用一定的方法征得客户的同意。常用的方法如下。

①正面假设法:假设已经成交,把所有签订维修单的工作都做好,使客户处在必须签字认可的位置。

②两项选择法:提供两个正面的选择给客户。

③开放式提问:提出问题,然后沉默。

④"如果"法:"如果"客户同意,我可以让车间尽快施工。

⑤将来发生式:建议客户尽快决定,避免不愉快的事发生。

⑥循序渐进式:将产品/服务一步一步获取客户认同。

⑦"BY THE WAY"式:顺便讲一下,我们还可能送(折扣、会员卡……)。

(4)估价的重要性。估价流程是标准服务流程中的重要环节。此环节服务顾问应将时间和所需费用逐项解释清楚,展现专业、诚信、负责的态度,履行客户承诺,建立客户的信赖感,为之后流程顺利执行打下坚实基础。

(5)客户对估价环节的期望。在估价环节,客户有如下的期望:服务人员有友好的服务态度,能够清晰、专业地解释车辆的问题,能准确地给出修理的时间和合理的价格。了解这些期望对于报价环节提高客户的满意度是非常有用的。

(6)估价流程图。估价流程如图3-22所示。

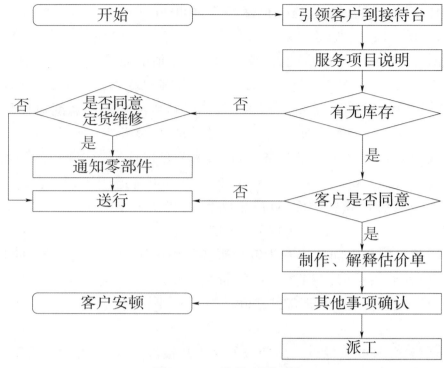

图 3-22　估价的流程

(7) 如果客户不准备签约。如果客户不认可或不准备签字,服务顾问也不要沮丧,更不要记恨客户,相反,服务顾问应该记住下面的原则:客户现在说"不",不等于永远说"不",要与客户保持联系。打一下预防针,如"我十分清楚您的需求,我提供的服务能满足您的需求。您觉得其他地方能提供这种服务吗?"此时应果断离开,这是一个"关键时刻"。客户可能对服务本身并不十分满意,但他应对你接待的整个过程十分满意,并对与你一起相处的这段时间感到十分高兴。

(8) 如果客户准备签约。客户签约当然是成交了一项业务,服务顾问应该很高兴,但在高兴之余还应该注意下面的原则:不应因为得到签约而兴奋异常,避免给客户带来一种输了的感觉。我们应帮助客户确信其做了正确的选择。给出一个交车及跟踪服务的概述,感谢客户。

7 制作维修工单并请客户确认

在客户认可维修维护工作之后,服务顾问应核对客户信息、建立维修档案、打印维修工单(图 3-23),将确认内容形成纸质合同(维修委托书)并请客户签字确认。

(1) 任务。将与客户确认的维修项目、维修估计和预计完成时间打印在工单上。

（2）操作步骤与要点。核对客户基础信息，重点是联系方式，如有出入必须立即在系统中更正。

（3）提示。特别要注意那些送修人与车主意见不同的维修需求，必须记录下送修人的电话，方便联系。不要只把那些收费的项目写在维修委托书上，客户提出的、需要处理的一些小问题，即使是不收费的，最好也写在上面，以免修理技师忘掉；否则，交车时客户会很不满。

图3-23　维修工单制作

（4）五项确认、客户签字。在维修委托书打印完毕之后，服务顾问应将维修项目、预计价格、预计完工时间、是否洗车、是否保留旧件者五项内容逐一向客户正式确认并请客户在维修委托书上签字，交给送修人维修委托书客户联作为取车凭证。客户签字后，服务顾问将任务委托书副本叠好后双手递给客户（图3-24）。

图3-24　完成维修工单

8 安排客户休息

维修委托书确认完毕后，服务顾问要根据客户的需要安排客户休息或离店。这是很重要的工作，不理睬客户会使客户不知所措，重新陷入焦虑区。

服务顾问可以说:"请您到休息区休息一下,我们会尽快为您的车维修,有问题我们会及时通知您。"(图3-25)

图3-25　安排客户进休息室

或者说:"您的车要很长时间才能修好,您可以到休息区等候,那里有电视和报纸。如果您有事可以先去办事,我们可以帮您叫出租车。有问题我们会电话通知您。"

(1)任务。安排客户到休息区等候或送离客户。

(2)操作步骤与要点。指引客户到休息区,告知客户休息区的休闲娱乐设施,告知客户如有问题找到自己的方式,店内提供接送车或出租车电话,方便离店客户。

❾ 客户交接

客户交接是当客户在店内等待时,服务顾问引领客户到客户休息室的过程。

(1)操作标准。客户交接时主要是向休息室服务人员介绍客户。操作标准为:休息室服务人员迎接客户、问候客户并做自我介绍、服务顾问介绍客户。

(2)方法或话术。休息室服务人员应主动迎接客户并面带笑容;休息室服务人员做自我介绍(图3-26),话术:"先生/女士您好,我是休息室服务人员×××,很荣幸为您服务";问候客户时,服务人员应微鞠躬15°;服务顾问介绍客户。如果是新客户,可以这样说"这位是×先生/女士,请带他熟悉我们休息室的环境"。如果是老客户,则可以这样说"这位是×先生/女士"。

图3-26　服务人员做自我介绍

(3)注意事项。休息室服务人员仪容仪表要符合公司标准。

单元三 维修服务流程控制

⑩ 过程关怀

在车辆维修过程中,如果维修时间较长,服务顾问要对客户进行过程关怀。

(1)操作标准。该环节操作标准主要是了解维修进度、关怀客户。

(2)方法或话术。服务顾问通过经销商管理系统查看车辆维修进度;联系车间了解车辆维修状况;关怀休息室等待客户。话术:"×先生/女士,您觉得在这边休息得好吗?""×先生/女士,您的车辆维修进度正常。预计可在××点准时完成,您请稍等。"

(3)注意事项。车辆若无法准时完成维修,服务顾问需了解原因及应对方案;服务顾问应与客户保持至少1次互动。

⑪ 增项处理

在维修过程中,如果发现客户的车辆存在其他问题,服务顾问要及时通知并提醒客户,在征得客户的同意并确认后才可以进行修理(图3-27)。

根据以上的知识和案例学习,可以采用角色扮演的方法对维修接待的各个环节进行实践训练,在训练过程中加深对维修接待的理解和掌握。

图3-27 增项的确认处理

(三)常见项目的维修接待训练

1 预约客户的接待任务

学生在完成该任务的角色扮演之后,能够使用维修服务接待工作标准应对客户,并将客户关心的问题成功填写到派工单上并满足客户期望。

(1)任务基本情况。客户预约40000km定期维护,想要了解其车辆40000km定期维护服务内容的详细信息。

(2)客户要求和期望。客户想要了解40000km定期维护服务内容的详细信息;客户想在当天下午7:00下班回家路过时来取车;客户想要安排接送车或派车将其送到最近的×××站;客户想用经销商会员信用卡支付,这样客户可享受10%的优惠;客户没有其他担心的问题。

(3)对客户角色的要求。在角色扮演中不要提供下列信息,除非特别问到。每个问题提供一条信息。

您有预约;您想要了解40000km定期维护服务内容的详细信息;您想在当天

下午7:00下班回家路过时来取车;您想要安排接送车或派车被送到最近的××××站;您想用经销商会员信用卡支付,这样可享受10%的优惠;没有其他担心的问题。

(4)对观察员角色的要求。观察员要明确客户要求和期望,重点观察服务顾问是否注意到了下面的内容和细节:客户有预约;客户想要了解40000km定期维护服务内容的详细信息;客户想在当天下午7:00下班回家路过时来取车;客户想要安排接送车或派车将其送到最近的××××站;客户想用经销商会员信用卡支付,这样客户可享受10%的折扣;客户没有其他担心的问题。

(5)综合评定。该任务的综合评定项目见表3-7。

预约客户维修接待综合评定项目　　　　表3-7

综 合 评 定	完　　成		没有完成
	良好	有待提高	
1. 语调和清晰度			
2. 保持客气和礼貌			
3. 提问时使用浅显易懂的语言			
4. 不打断客户谈话			
5. 记录			
活动检查单			
1. 当问候客户时保持目光接触和面带微笑			
2. 确认客户姓名并在交谈过程中使用			
3. 仔细倾听并确定其服务需求			
4. 通过提问从客户那里收集附加信息			
5. 确认维修手册(如果适用)			
6. 亲自确认车辆状况或事件			
7. 使用问题/示例确认您的理解			
8. 询问是否还有其他疑虑/问题			
9. 派工单记录:使用客户的语言书写清楚			
10. 询问客户是否需要替代交通工具上班或回家			
其他评语:			

单元三　维修服务流程控制

2　未预约客户的接待任务

学生在完成该角色扮演之后，能够使用经销商客户应对标准流程来应对客户。服务顾问将客户关心的问题完整地填写到派工单和诊断工作单上。事先解释要完成的工作和预估维修费用。

(1) 任务基本情况。客户没有预约，想要修理其车辆空调，其车辆已超过保修期。

(2) 客户问题和期望。在发动机起动后空调只能提供一会儿冷风，即使在极热的天气；在发动机暖机之后不能很好制冷，在任何天气情况下都是如此；客户在一周前注意到这种情况，且状况越来越差；风扇速度控制、风扇模式控制等其他功能正常。

(3) 对客户角色的要求。在演练过程中不要提供下列信息，除非特别问到。每个问题提供一条信息。

在发动机起动后空调只能提供一会儿冷风，即使在极热的天气；在发动机暖机之后不能很好制冷，在任何天气情况下都是如此；客户在一周前注意到这种情况，且状况越来越差；风扇速度控制、风扇模式控制等其他功能正常。

(4) 对服务顾问的要求。在演练过程中，要清楚客户问题和期望，不要遗漏以下要点：在发动机起动后空调只能提供一会儿冷风，即使在极热的天气；在发动机暖机之后不能很好制冷，在任何天气情况下都是如此；客户在一周前注意到这种情况，且状况越来越差；风扇速度控制、风扇模式控制等其他功能正常。

(5) 综合评定。该任务的综合评定项目见表3-8。

未预约客户维修接待综合评定项目　表3-8

综合评定	完成		没有完成
	良好	有待提高	
1. 语调和清晰度			
2. 保持客气和礼貌			
3. 提问时使用浅显易懂的语言			
4. 不打断客户谈话			
5. 记录			
活动检查单			
1. 当问候客户时保持目光接触和面带微笑			
2. 确认客户姓名并在交谈过程中使用			

续上表

综合评定	完成		没有完成
	良好	有待提高	
3.仔细倾听并确定其服务需求			
4.通过提问从客户那里收集附加信息			
5.确认维修手册(如果适用)			
6.亲自确认车辆状况或事件			
7.使用问题/示例确认您的理解			
8.询问是否还有其他疑虑/问题			
9.派工单记录:使用客户的语言书写清楚			
10.询问客户是否需要替代交通工具上班或回家			
其他评语:			

❸ 返修客户的接待

学生在完成该角色扮演之后,能够使用经销商客户应对标准流程来应对客户。服务顾问将客户关心的问题成功填写到派工单上(事先解释要完成的工作和预估维修费用)。

(1)任务基本情况。客户没有预约;蓄电池再次没电;客户一周前在该维修车间进行了相同的修理。

(2)客户要求和期望。客户想要立即修理车辆;客户想在下午6:00取回车辆;在下午6:00车辆没有修完之前,客户需要租借一辆车;客户不想支付更多的费用。

(3)对客户角色的要求。在演练过程中不要提供下列信息,除非特别问到。每个问题提供一条信息。

早晨车辆没有打着,起动机转动不顺畅;想要立即修理车辆;想要在当天下午6:00取回车辆;在当天下午6:00车辆没有修完之前,需要租借一辆车;不想支付更多的费用。

(4)对服务顾问角色的要求。在演练过程中,服务顾问要清楚客户的要求和期望,不要遗漏以下要点:早晨车辆没有打着,起动机没有转动;客户想要立即修理车辆;客户想要在当天下午6:00取回车辆;在当天下午6:00车辆没有修完之前,客户需要租借一辆车;客户不想支付更多的费用。

(5)综合评定。该任务的综合评定项目见表3-9。

返修客户接待综合评定项目　　　　　　　　　表3-9

综 合 评 定	完　成		没有完成
	良好	有待提高	
1. 语调和清晰度			
2. 保持客气和礼貌			
3. 提问时使用浅显易懂的语言			
4. 不打断客户谈话			
5. 记录			
活动检查单			
1. 当问候客户时保持目光接触和面带微笑			
2. 确认客户姓名并在交谈过程中使用			
3. 仔细倾听并确定其服务需求			
4. 为给客户造成的不便,向客户致歉			
5. 通过提问从客户那里收集附加信息			
6. 确认维修手册(如果适用)			
7. 亲自确认车辆状况或事件			
8. 确认您对客户问题的理解			
9. 询问是否还有其他疑虑/问题			
10. 派工单记录:使用客户的语言书写清楚			
11. 询问客户是否需要替代交通工具上班或回家			
其他评语:			

4 定期维护客户的接待

学生在完成该角色扮演之后,能够使用经销商客户应对标准流程了解客户要求。服务顾问向客户成功解释要完成的工作、预估维修费用和交付时间并得到客户签字认可。

(1)任务基本情况。客户来店进行常规项目的维护工作,服务顾问将向客户解释要完成的工作及其费用以及交车时间。

(2)客户要求和期望。该任务中客户有以下要求和期望。

客户想在总费用低于300元的情况下完成维修;客户想在下午7:00取回车辆;客户想要安排接送车或派车将其送到最近的××××站;客户想用经销商会员信用卡支付,这样客户可享受10%的优惠;客户没有其他担心的问题;客户只是想确保即将到来的假期中能够毫无顾虑地安全旅行。

(3)对客户角色的要求。客户在扮演过程中不要提供下列信息,除非特别问到。每个问题提供一条信息。

想在总费用低于300元的情况下完成维修;想在下午7:00取回车辆;想要安排接送车或派车被送到最近的××××站;想用经销商会员信用卡支付,这样可享受10%的优惠;没有其他担心的问题;只是想确保即将到来的假期中能够毫无顾虑地安全旅行。

(4)对服务顾问的要求。在扮演过程中,服务顾问要清楚客户的要求,不要遗漏以下要点:客户想要在总费用低于300元的情况下完成维修;客户想要在下午7:00取回汽车;客户想要安排接送车或派车将其送到最近的××××站;客户想用经销商会员信用卡支付,这样客户可享受10%的优惠;客户没有其他担心的问题;客户只是想确保即将到来的假期中能够毫无顾虑地安全旅行。

(5)综合评定。该任务的综合评定项目见表3-10。

定期维护客户接待综合评定项目 表3-10

综合评定	完成		没有完成
	良好	有待提高	
1. 语调和清晰度			
2. 保持客气和礼貌			
3. 提问时使用浅显易懂的语言			
4. 不打断客户谈话			

续上表

综合评定	完成		没有完成
	良好	有待提高	
5.记录			
活动检查单			
1.向客户解释验证结果			
2.解释发现的问题,并根据需要通知客户需要追加维修工作			
3.使用支持工具解释要完成的工作			
4.解释预估维修费用、工时费和零件费			
5.确定可能的交车日期和时间			
6.告诉客户,如果发现附加工作项目或其他任何问题,维修车间将联系客户			
7.询问客户是否还有其他问题			
8.让客户签署派工单			

其他评语:

四 车间维修与维修进度监控

(一)车间维修概述

❶ 客户对车间维修的期望

确保维修质量合格,对车辆进行专业的检测,确保车辆行驶状况良好,按照任务委托书完成约定的维修维护项目,能按约定时间取回车辆。

❷ 车间维修的重要性

良好的维修质量能增加客户对经销商的信赖感,并促进客户再次来店。车间维修要加强工作规范性,降低返修(内返、外返)可能性,提高车间维修效率。

维修与跟进实训

3 车间维修需要注意的事项

控制维修维护进度,确保能够按照预计交车时间交车;作业过程中确保车辆完好无损;维修维护项目能够正确完成;发生增项时,及时确认并传递增项需求。

(二)车间维修与维修进度控制的流程

车间维修与维修进度控制的流程如图 3-28 所示。

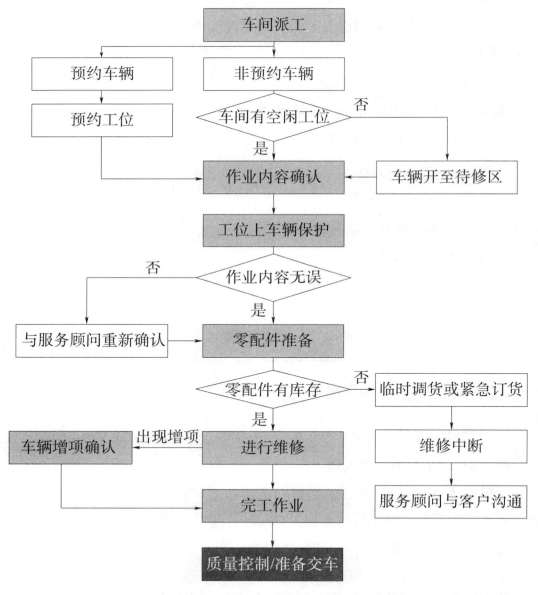

图 3-28　车间维修与维修进度控制的流程

❶ 车间派工

（1）委托书（维修工单）信息确认。车间主管从车上拿到客户签字的一联任务委托书（维修工单），确认以下信息：任务委托书与接车单信息是否一致；除常规维护外，客户是否有其他维修需求；是否有客户反映的问题需要进行试车；服务顾问预计的交车时间是否合理；若信息不详或者有误，车间主管与服务顾问进行沟通确认；若信息无误，车间主管进行派工。

（2）工位安排。快速维护工位可作预约工位使用。每月一千台（次）进店维修的经销店，建议须至少设立2个快速专业维护工位。快保工位须按规定悬挂工位标识牌，预约工位上方须额外悬挂"预约工位"标识牌，每个快保工位须配备一套完整的维护工具，空闲时快保工位可作快修工位使用。

车间主管根据作业类型派工，预约车辆分配给预约工位及对应维修小组/技师，快保车辆分配给快保工位，常规维修分配给机修工位。几种优先派工的情况：预约车辆、返修及投诉车辆和快保车辆。

（3）技师安排。车间主管一般按班组排序进行每天第一轮派工，班组排序每天滚动变化，按维修小组作业完成进度，实行先完成先派工，车间主管按照各维修小组/技师的工作量和车辆的预计交车时间派工，对有特殊维修需求的车辆，车间主管按照维修小组/技师能力和特长，分配给相应维修小组/技师。

派工人员应按序派工和按班组特长派工相结合，车间主管须平衡维修小组/技师的工作量，确保准时交车。

（4）控工措施。维修前台和后台共同关注维修进度的控制及信息传递，经销商/维修站使用如维修进度看板、控工流转章（两者选其一操作即可）进行控工。

使用维修进度看板：车间主管/调度员确定车辆派工班组后，在车辆信息牌上标注车牌号，对应维修小组（即预计开始、完工时间）将车辆信息牌放置在维修进度看板上，车间主管/调度员负责实时更新看板信息。

使用控工流转章：车间主管/调度员在收到任务委托书后开始派工，在控工流转章"调度"栏签名并标注开始时间，通过控工措施计算交车时间，并进一步计算准时交车率、工位利用率，评估车间效率。

❷ 维修作业内容确认

（1）故障核实。常规故障由接收作业项目的维修小组/技师诊断，若技师无法确诊故障，转交技术顾问或车间主管或技术经理诊断；单个技师或组长无法诊断的疑难杂症，须由维修小组组长和技术顾问综合会诊；客户描述不清的故障，需与客户进一步沟通确认,如有必要,邀请客户一起路试。

车间要确保维修故障诊断全面且准确无误,保证做正确和有效的维修,避免因误诊或故障未全部解决而引起返修。车辆需要路试时,须先由路试员进行路试确认故障,再交回维修小组/技师进行进一步检测。

(2)确认客户要求的非必要项目。技师在作业中如发现客户提出的维修项目为非必要项目,须将检测情况告知服务顾问,服务顾问向客户解释项目无须进行的原因,由客户决定是否仍需进行。服务顾问需向客户说明项目的非必要性,若客户有疑问,可由技师进一步解释,以体现服务的专业与对客户的关爱。

(3)确认客户不要求的必要项目。技师在作业过程中如发现有客户明确要求不进行的必要维修维护项目,须主动及时将检测情况和不进行维护项目的隐患告知服务顾问。服务顾问与客户解释做该项目的好处与不做该项目的弊端,由客户再次选择是否选择此项维修。涉及安全驾驶类项目,则需重点告知客户,提醒客户尽量选择此项维修;若客户仍旧不愿意选择,则在任务委托书上注明该项目为客户要求不进行,由客户签字认可。

为客户安全着想为第一原则,对客户无意识或理解不准确而放弃的项目,服务顾问须解释清楚,以使客户意识到其重要性和必要性,并避免不必要的纠纷。

❸ 在工位上的防护

(1)技师个人防护。维修作业过程中,技师须确保制服整洁,没有明显污渍,以免污染客户车辆;技师作业过程中须佩戴干净手套,手套需及时清洁或更新;技师可佩戴袖套,增强防护。每天晨会时,可由车间主管/客户关爱部人员负责检查技师制服、手套的清洁情况;技师制服清洁采用专配洗涤剂,确保清洗效果;技师可通过干净整洁的着装展现经销店专业可靠的品质形象。

(2)内部防护确认。技师在作业前须确认防护四件套铺设完好且无破损,若防护四件套未铺设或出现破损现象,技师可拒绝作业,直至服务人员铺设或协助更换新防护四件套为止。车辆移动时技师可拆下转向盘套,但车辆停止后须立即复位。

(3)外部防护安装。维修作业开始前,技师须为车辆铺设两侧翼子板布和前格栅布,以隔离油脂、污垢和避免划痕;技师须保证翼子板布和前格栅布清洁、完好;车间作业完全结束后(发动机舱清洗前),技师方可拆下翼子板布和前格栅布。

❹ 零配件准备

(1)确认零配件。维修小组组长/技师查看任务委托书上的维护项目,确认所需零配件,并领取配件;非常规配件和易混淆配件须重点注意,避免领取错误。要注意一次领取所有所需的零配件,保证正确领取,以确保一次维修合格率。

(2)零配件领取。技师凭任务委托书(维修工单)到配件仓库领取配件,填写《配件出库单》并签字确认,技师将领回的配件放在辅料推车上。若领取配件出现无库存情况,技师须主动及时告知车间主管,并由其告知服务顾问相关情况。

无库存或库存量低于最低备货量的零配件,配件管理员须及时主动告知配件经理,采取相应措施。快保工位所对应的维修小组/技师,可根据经销商/维修站实际情况,一次领取多套常规维护配件,以减少配件领取所需的时间。

❺ 进行维修

(1)维修工具准备。维修技师应检查一般工具、工具推车及辅料推车是否到位;工具摆放整齐,按照日常使用频次从高到低的顺序摆放在工具推车第一层上;工具推车和辅料推车移到即将开展作业的工位旁;准备所需的检测工具,将需要进行举升作业的车辆移至举升机工位,将有特殊需求的车辆移至相应作业工位;作业过程中,如要用到特殊工具,工位技师可凭借任务委托书到工具房/配件仓库登记《特殊工具领用单》,需要借用特殊工具时,工具管理员须在每日下班前完成特殊工具的整理和核对,保证所有特殊工具已归还。

维修技师需提前准备并检查所有所需工具,避免临时查找工具或发现工具损坏而浪费时间。特殊工具的借用需保证当日借当日还;如有特殊情况无法归还,需向车间主管报备。

(2)按标准维修。维修技师需按作业标准逐项进行任务委托书上的项目,技师遇到无法解决的故障可向维修小组组长/车间主管/技术顾问/技术经理寻求技术支持,如果维修进度或项目有变化,及时主动告知车间主管,由车间主管告知服务顾问,按照预计交车时间把握工作进度,如使用控工流转章;维修小组组长/技师在维修维护项目开始前,将作业开始时间填写在"工组"栏,并签名确认。

维修技师需按标准作业,避免违规作业。维修质量为客户根本需求,必须确保。作业过程中保证车辆安全和车内物品安全,车辆干净;维修过程中需确保车辆内饰和外观清洁。按时交车,若客户有贵重物品遗留在车内,及时主动告知服务顾问,由服务顾问与客户联系沟通。

❻ 完工作业

(1)清理发动机舱。发动机清洁的标准步骤为:拂—吹—擦;如果发动机舱尘土较多,先用无纺布拂一下机舱表面尘土,使用高压气枪吹掉机舱角落和细微处的灰尘,使用无纺布进行最后擦拭。如果发动机舱灰尘较多时,请勿使用高压气枪直接吹灰尘,因为吹起的灰尘会污染车间空气和地面,亦会对技师身体产生影响。避免直接用高压水枪冲洗发动机舱。整个发动机舱清洗大致需要3min。

(2)收集旧件。维修技师根据接车检查单上客户对旧件处理方式的意见,由技师在维修维护作业中对旧件进行包装和收集。技师将更换下来的旧件放在旧件收集篮/筐内,质检员总检,完成旧件确认后,技师将旧件收集篮/筐送至旧件展示架,并在旧件收集篮/筐上标明车牌号,放在客户指定位置(车辆上)。服务顾问要对旧件进行完整包装,如新更换零配件有包装盒,可将旧件放入包装盒内;如无,须用塑料袋装好;如油液类产品有剩余,须将瓶身擦拭干净并用塑料袋装好,避免弄脏车辆;大件及不便带走的旧件,可请客户到车间查看。

7 车辆增项确认

(1)技师通知车间主管。作业过程中,技师发现需增项,项目简单或金额较小时,技师可直接告知车间主管;项目复杂或金额较大时,则技师需及时主动告知维修小组组长/车间主管,由其检测确认后,再告知车间主管。注意:技师不可直接联系客户。

(2)车间主管确认。车间主管确认增项后,由技师填写增项单,详细描述增项原因、所需费用和作业时间。维修小组组长/技师将增项单交给服务顾问时,需说明增项原因及其必要性、重要性。涉及安全的增项需重点强调。

五 质量控制与客户车辆交付准备

(一)质量控制与客户车辆交付准备概述

1 客户的期望

整洁的车辆和维修质量保证是客户最基本的要求。

2 质量控制的重要性

质量是品牌和经销商的生命,是一切工作的基础。服务顾问交车前的检查准备工作,是把一辆维修合格的车交给客户、引起客户满意的必要条件。经销商/维修站万分之一的失误,会给客户造成100%的损失,必须重视车辆的维修合格率。

3 质量控制的主要事项

服务顾问对客户、对同事都需要进行主动沟通;下一环节应主动询问上一环节;借助专业的工具设备、专业的动作、专业的话术来体现维修服务的专业性;维修工、质检员及各相关人员均应在操作过程中按照企业相关要求和国家规定做好维修过程确认,记录相关检验结果;返修项目应该按内返(车间自己返工)、外返(客户返工)要求进行记录考核;外返项目必须由技术总监组成的小组进行跟进处理。

（二）质量控制与客户车辆交付准备流程

质量控制与客户车辆交付准备的流程如图3-29所示。

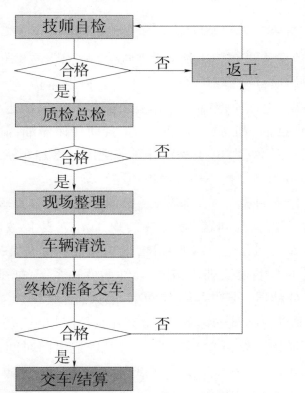

交车与送别实训

图3-29 质量控制与客户车辆交付准备流程

1 技师自检

（1）完工确认。维修技师在工作表单上打"√"进行标注;若检测结果偏离参考值,则需备注检测结果,并给出维修维护建议。维修技师拿着委托书和维护表格,对维护表格中不正常项目的框需要打"×",并对具体内容画圈标示或用文字注明,经调整或恢复的项目才可在相应的框中打"√";如未调整,不打"√"。确认全部项目已经完成,故障已经消除。对于接车检查单上客户要求解决的问题,仔细检查确认。

确认车内和发动机舱内无遗留物品；确认发动机舱内各部件安装无松动，外部无新损伤，底部无漏油现象；如在进行完工检测时，发现有检测数据偏离正常范围，须及时确认后将情况反馈给服务顾问，由服务顾问与客户沟通是否增加作业项目。

(2) 表单填写。技师在委托书（维修工单）上签名确认，技师在接车检查单上记录旧件处理结果，在旧件处理选项后打"√"确认旧件处理已完成；如有大件及不便带走的旧件，空白区域注明旧件的放置地点。技师的签名可将责任落实到个人，并给客户以信任感。

❷ 质检总检

(1) 质量检查。质检员在控工流转章"质检"栏标明质检开始时间并签名确认。针对不同类型的项目进行不同的总检项目。内返车辆、外返车辆（对于返修车辆，必须由技术总监担任质检员参与总检），安排充足时间进行详细检查，确保故障问题解决：检查五油（机油、转向助力油、自动变速器油、制动液、燃油）二压（胎压、电压）二液（防冻液、蓄电池液）；针对非纯维护客户车辆，对照完工检测和服务项目表单，确认完工检测已完成，表单填写正确完整。

确认每一个维修项目都完成，都符合《维修手册》技术要求；如有遗留问题，则需进行返工处理。如发现问题，登记在内返工汇总表上；如无问题且需要路试，通知服务顾问；如无问题也不需要路试，记录总检登记表，在委托书上签字。

涉及以下问题的车辆建议进行路试。异响：变速系统，如变速器；传动系统，如传动轴、差速器、分动器；悬架系统，如前束、后束；制动系统，如制动蹄等。

(2) 路试。需要进行路试的车辆，质检员开具《路试单》，登记公里数，按照试车路线进行路试，出门将《路试单》交门卫，门卫登记出门时间；路试前通知服务顾问，由服务顾问询问客户是否需要一同试车。与客户一同试车，以求客户确认无其他问题。回到经销商/维修站后，拿回《路试单》，并再次登记公里数和时间，如发现客户的问题没有解决，则进行返工处理。路试后，路试员填写《路试单》，通知质检员。

路试前，服务顾问须先与客户沟通路试的重要性，征得客户授权同意后再进行。路试时注意保证车辆安全。

(3) 旧件确认。质检员根据接车检查单上的旧件处理方式记录，检查旧件存放方式。质检员查看旧件是否已包装完备；大件及不便带走的旧件，质检员须前往接车检查单上标注的存放地点，查看旧件。

服务顾问需确认所有旧件已包装完备，特别注意将油液类产品的瓶盖拧紧，包装外部无污染。无论客户是否需要带走旧件,质检员均须检查旧件,确保旧件不遗漏、不缺失。

(4) 单据整理。质检完成后,质检员将车辆质检信息记录在总检登记表上。对质检不合格的车辆做特殊标记并备注;质检员确认总检完成,重新查看《委托书》,将所有表单装入公文袋交给车间主管。

单据整理的顺序为:第一份是接车检查单,第二份是《委托书》,第三份是《维护表》,第四份是《路试单》及其他表单,依次整理摆放。

通过质检汇总表记录所有车辆质检情况,确保所有表单无遗漏、填写规范、条理有序。

(5) 核对洗车单。车间主管查看接车检查单/洗车单上的洗车要求,如需在店内洗车,将单据公文袋放置在仪表台转向盘上方,洗车单和接车检查单放在袋外,朝向玻璃。用对讲机安排洗车,并指派移车员移动车辆。车间主管用对讲机通知服务顾问车辆准备开始洗车,如洗车区排队车辆较多或车辆暂时无须清洗,可指派移车员移动车辆去竣工区等待;如不需洗车或经销商发放洗车券,清点车辆所有资料,车间主管安排移车员开至交车区。服务顾问/服务人员在车辆移至洗车区后告知客户,如"您的车辆已经开始洗车了,大概需要20min。""因今天进站人数较多,洗车排队可能比较长,请您耐心等待!您先在休息区休息一会儿,车辆洗好后,我会第一时间通知您。"

移车员可由车间主管、调度人员、技师或洗车工担任。特殊情况下(如高峰时期),可由服务人员完成告知工作。

❸ 现场整理

维修技师整理维修工具推车,按照日常使用频次从高到低的顺序摆放,工具有序排列;工具推车、辅料推车复位,将移动到其他位置的工具推车和辅料推车移回原定位置;举升机支撑臂归位并水平摆放;将维修借用的特殊工具及时归还,并在《特殊工具领用单》上签字作归还确认;将预领时多领取的配件或剩余零配件归还;整理作业工位,打扫工位地面;维修小组组长/技师用对讲机通知质检员。

❹ 返工

(1) 返工确认。返工内容记录在《返工通知单》上,如果服务顾问发现问题,用对讲机通知质检员,由质检员开具返工单;如有争议,由上一级判断,或按服务顾问的意见处理。服务经理按月总结《返工汇总报告》。

质检员为质检第一责任人,只有质检员可签返工单,服务顾问交车前发现的问题都属于内返,质检员为主要责任人;服务顾问交车后发现的问题均属于外返,服务顾问为主要责任人。有效鉴定内返,通过内返将问题车辆控制在内部,从而降低外返率。

(2)返工交接。对于返工车辆要放置返工车顶牌/前风窗卡,质检员将《返工通知单》等一起交车间主管,口头再次说明情况,质检员在总检登记表上登记交接时间,并由车间主管签名。技术总监预估返工时间,如有延误,及时由车间主管用对讲机通知服务顾问,说明情况,请服务顾问与客户沟通;返工完成后需再次总检,通过后才能由质检员收回车辆上放置的返工车顶牌/前风窗卡,返工交接完成。

质检员对车间主管做返工原因详细说明,如因返工而造成交车延时,需及时将信息传递给客户,对返工车辆重点质检。

(3)返工安排。车间主管视《返工通知单》内容制订专人进行返工处理;由车间主管或请技术总监特别关注返工车辆的进展情况;车间主管对维修进度看板进行更新,将对应返工车辆的完工时间延长至预计完成返工时间;返工完成后技师自检,然后通知质检员总检。

一般情况下,返工车辆不能派工给造成返工的技师,车间主管或技术总监重点关注返工车辆。

❺ 车辆清洗

车辆清洗时,先车外再车内,先车头后车尾,先车顶再车底。洗车结束后,洗车工在接车检查单/洗车单上签字确认,用对讲机通知移车员清洗结束。

❻ 终检/准备交车

(1)核对单据。服务顾问检查全部表单,确认全部项目均已完成。如发现未按照要求完成的项目,与质检员沟通确认,并进行返工。

(2)车辆检查。服务顾问应检查车辆是否清洁,如不符合要求,则联系车间主管重新清洗;对照接车检查单,绕车一圈检查有无新划痕,查看随车物品是否与接车时一致;对照委托书/维护表单查看各项目是否都完成;进入车内,检查音响、空调等是否关闭;打开收音机查看是否太大声,查看有无其他未关闭电路按键;查看车内是否还有其他遗漏工具等;打开发动机舱盖检查发动机舱内清理情况,如出现发动机舱存在水迹或滴水现象,服务顾问须用抹布擦干,以确保发动机舱清洁;查看是否按照客户约定的方式摆放了旧件,并确保旧件包装完备,且外包装无污染;如发现客户反映的问题没有解决,则进行返工处理。

服务顾问是把握质检的最后一关,要确认客户进店时提出的问题全部得到解决。服务顾问检查时须带上抹布,保证发动机舱清洁无水渍;对于放置在交车区旧件展示架上的旧件亦须检查。

(3)钥匙包准备。服务顾问对检查过程逐步确认,无误后,在前风窗玻璃左上角贴上客户关爱贴。有服务顾问签名的客户关爱贴上需填写预计下次维护的时间和里程、经销商服务热线电话(预约)、经销商和服务顾问的联系方式。撤去防护四件套;打印结算单(包含免费项目、未进行的项目、提醒下次进店维护的时间);准备钥匙包(结算单、行驶证、《使用说明书》和车钥匙)。

确保钥匙包中包含所有需要归还给客户的单据。钥匙包可用信封代替。

六 客户车辆交付和结算

一次服务的结束是下次服务的开始,客户的满意离开是形成一批忠诚客户的必要条件,与客户一起验收车辆是经销商/维修站再次体现专业性的机会。

(一)客户车辆交付和结算概述

❶ 客户的期望

客户希望得到始终如一的热情、周到服务,能够按时完成预期的项目,得到清洁的车辆、专业的项目解释、相关事宜的提醒和告知。

❷ 需要注意的事项

交车/结算是客户离站前的最后一次沟通机会,兑现与客户达成的约定是首要任务,除了主要接触人——服务顾问的态度以外,收银员的态度也影响着客户对经销商/维修站的整体满意度。

(二)客户车辆交付与结算的流程

客户车辆交付与结算的流程如图3-30所示。

❶ 通知客户

(1)告知车辆已竣工。服务顾问及时了解自己接待车辆的维修进度,以保证及时告知客户车辆竣工。车辆完工后,服务顾问带着委托书、接车检查单、钥匙包告知客户,如"×先生,让您久等了,我们的技师已经完成了75000km维护项目,并为您更换了制动摩擦片和轮胎。"请客户提供委托书,如"×先生,麻烦您提供委托书。"在告知客户时,服务顾问要告诉客户自己已经检查了完工车辆,如

"×先生,在请您验车之前,我已经检查过您的车辆,车辆完好。"如果到预定时间还不能交车的话,服务顾问应及时提前告诉客户原因,请求客户的谅解。

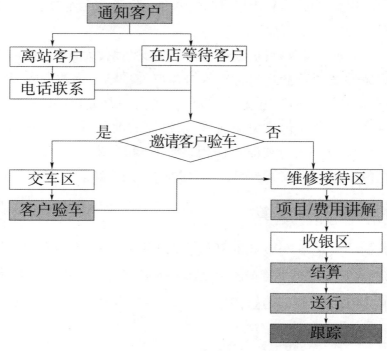

图3-30 客户车辆交付与结算的流程

(2)建议客户验收车辆。服务顾问告知客户已经竣工的项目,如"我们按照委托书的内容和您的要求对您的车进行了75000km的维修维护,并更换了制动摩擦片和轮胎。"建议客户先去看实车效果,如果需要则引导客户去交车区验车,如"我带您去看看车吧?"如不需要,则邀请客户到服务顾问接待区进行项目/费用讲解,如"请您随我到服务顾问接待区,我来给您详细介绍本次完成的维修维护项目。"

2 客户验车

(1)引导客户至交车区。服务顾问走在客户的侧前方,边走边聊天,并作出指引性的手势,引导客户到交车区,如"我们的移车员已经把您的车停在靠近出口的位置,您这边请。"

(2)内外效果展示。服务顾问需详细向客户展示清洗过的车辆,如"我们已经帮您的车辆做了外部清洗和内部吸尘。"如果没有清洗车辆,则应对客户说明,如"很抱歉,因为场地有限,不能为您及时清洗车辆,我们赠送您一张免费洗车券,请您凭此券到我们合作的洗车店享受洗车服务。"

服务顾问告知客户防护四件套已于交车检查后拆除,如"在做交车前检查时,我已为您拆除了防护四件套,车内和作业前一样干净。"

服务顾问要重点展示进行过的维修维护项目,打开发动机舱罩,展示清洁过的发动机舱,如"我们已经为您免费清洗了发动机舱。"将机油标尺完全拉出,滴几滴机油在无纺纸上,向客户展示滴在纸上的清亮的机油,如"您看,这是更换后的新机油,干净透亮,它可以使您的发动机在使用过程中降低因摩擦造成的损伤。"

用无纺纸从上至下擦拭机油尺,拭去多余机油,将机油尺再次插入,再拔出机油尺,指明机油标尺上显示的机油液位,如"×先生,新机油已经添加到这个位置,表示已加满。"

手指示冷冻液罐,展示冷冻液液位,如"冷冻液已为您添加到这个位置,请放心行驶。"在确认项目中,如果客户选择了全车检查,需告知客户已经完成全车检查,并告知结果,如"我们已经帮您免费处理了这个位置的小划痕。"告知车内设置没发生变化,如"我们确保在作业过程中,您车内的设置没有发生改变。"

服务顾问要重点说明各项维修给车辆带来的益处,如"75000km维护项目能让您的车在行驶过程中会更加稳定安全。"向客户展示更换的零件,如使用旧件展示架,则服务顾问将对应车牌号的旧件篮/筐拉出,展示给客户看,如旧件已按照客户指定位置放置,则将客户带至指定位置展示,大件及不便带走的旧件,服务顾问应告知客户存放地点,询问客户是否要查看,如"您看,这是本次维修更换下来的旧件。""本次更换下来的零件由于体积较大,已存放在车间,您要去看一下吗?"询问客户旧件的处理方式,如"您需要把更换下来的旧件带走吗?""旧件都已经包装好,不会弄脏您的车辆。我帮您放在行李舱内好吗?"

如果客户不验车,服务顾问须在解释项目/费用时,询问客户对旧件的处理方式。

❸ 项目/费用讲解

(1)项目/费用解释。服务顾问邀请客户去服务顾问接待区,介绍配件均为原装零件并告知质量担保规定,如"本次维修所更换的配件均为主机厂的原装零件,质量可靠,请您放心。"

用笔圈出总费用、总工时费和总材料费,对项目的解释采用项目—功能—好处的方法,对照结算单进行费用解释,如"您本次进行的维修维护项目有:进行75000km维护,更换机油滤芯、机油、空气滤芯、制动摩擦片和轮胎。本次维修维护的总费用是×××元,打折后的工时费是×××元,总的材料费是××

××元。""其中,更换整组轮胎的材料费是×××元,工时费是×××元。""公司有规定,必须向您解释维修维护内容和费用。""您赶时间的话,那我之后短信告知您本次维修维护的具体内容和费用。"

服务顾问提醒客户看常用配件价格公示表和常规项目工时价格表,如"您看,这是我们的常用配件价格公示表和常规项目工时价格公示表,您本次维护的这些项目就是按照标准费用收取的。"服务顾问还要借此机会进行预约,如"如果您下次进站预约的话,除了等待时间会少很多,工时费也会给您9折的优惠。"

利用维修维护前后效果对比图,重点说明各项维修给车辆带来的益处,如"您看,更换机油后,新添加的机油就像图片上看到的这样干净透亮,原来未换前污黑并且存在漂浮物,更换后可以提高车辆发动机的使用性能。""75000km维修/维护项目能确保您的车在行驶过程中更加稳定安全。"

(2)告知完工检测和服务项目。服务顾问除了向客户说明约定的项目外,还需要对检测的项目和关怀的项目进行说明,如"除了您要求的作业项目外,我们还对车辆做了轮胎胎压、制动摩擦片等11项完工检测。""这是由服务顾问和技师共同签字确认的检测表单,请您放心驾驶。"

服务顾问须向客户说明检测结果偏离参考值的检测项目,如"×先生,您看,现在的轮胎胎压为前轮2.2bar,后轮为2.4bar,备胎为2.2bar,检测结果在参考值范围内;轮胎花纹深度为2cm;您原来的制动摩擦片厚度为7mm,已处于临界值,为了行驶安全,现在新换的制动摩擦片厚度为14mm,可以保证您安全驾驶,冷冻液液位为2/3,机油已更新加满,蓄电池电压为12V,数值都在安全范围内,请您放心驾驶。""当您的制动摩擦片厚度低于7mm的时候,就需要更换制动摩擦片了,以确保您车辆能安全行驶。""我们在检查过程中发现您的玻璃清洁水、制动液和冷冻液量较少,我们都帮您添加了。"

对客户不愿意进行但检测值偏离安全范围的项目,进行标注,并提醒客户注意。

(3)提醒告知。服务顾问对照结算单提醒本次检查出来但未得到客户同意的项目,如"×先生,本次维修过程中你车身上的凹痕没有处理,建议下次您有时间的话可以到我店来处理。"

说明各项提醒项目的维修会给车带来的益处和不进行维修的危害,如"雨天地面湿滑,若未更换轮胎会导致抓地力不强,在高架桥上高速行驶,就很容易发生危险,降低了行驶的安全性。"

提醒下次需要实施的项目,对照结算单提醒下次进站维护的时间或里程数,如"下次维护时间为8月初,维护里程数是80500km。"

结合车辆、车主行车习惯、区域和天气情况给出个性化行车建议,如"您基本上都是在市区行车,市区灰尘较大,特别是冬夏两季,车内空调开得较多,我们建议您多更换您的空气滤芯,以保证车内空气质量。"

询问合适的回访时间,如"我们会在三天后对您进行一次3min的电话回访,请问您哪个时候方便?"询问客户方便下午还是下午接听电话,如有必要询问具体时间段。

服务顾问圈出客户需要签字的地方,并请客户在结算单上签字,如"如果没有其他问题,请在结算单上这里签字。"

服务顾问要重点强调客户不要求做的必要项目可能带来的隐患,可在结算单上打印/手写出行车建议,针对性地给出建议,使客户感受到4S店的专业、贴心。

❹ 结算

(1)引导客户至收银处。服务顾问引导客户去收银处前,观察收银处状态,避免收银台前客流过多,客户需要排队等待,如"×先生您好,现在收银处人很多,请您稍事休息,等人少的时候,我陪您去交费。"如人不多,则陪同客户去收银处,"我陪您一起去收银处付费吧。"向收银员出示结算单。

(2)收银员接待。收银员站起身问好,如"您好,我是收银员小李",告知本期及近期经销商的优惠活动,如"您携带了本经销商的VIP卡吗?有些材料可以打8.5折。""下月可能会有爱车关爱检测活动,届时有广告,您可以注意一下。"核对结算单,告知客户金额,如"您需要支付的金额为3335元。"并确认付款方式。

收取客户费用,如"麻烦您提供银行卡。""卡有密码吗?请确认刷卡机上的费用。"双手递送发票和零钱,如"这是您的发票和找零。"感谢客户付费,如"感谢您的光临,您慢走。"服务顾问需要对客户说明发票的内容(图3-31)。

图3-31 发票解释

收银员须向所有用户提供发票,不询问客户是否需要。

5 送行

(1)交钥匙包。服务顾问/服务人员引导客户至交车区,如"我送您出门。"走在客户左侧前方,引导客户,双手递送车钥匙、出门单和钥匙包,如"这是您的出门单和车钥匙,您直接把出门单给门卫。""钥匙包里有结算单、本次发票、《使用说明书》、行驶证。"

(2)送行致谢。服务顾问在取下座椅定位贴和设置保护贴前向客户展示并介绍车内设置无改变,如"您看,我们确保您车内的设置无改变,请您体验一下,如有需要,我协助您调整一下。"提醒客户关注客户关爱贴,如"我们在您的前风窗玻璃上贴上了客户关爱贴,记录了下次建议进店的里程及我们的联系方式,如有问题,您可以随时联系我们,很乐意为您服务。"同时对客户来店再次表示感谢,如"感谢您的惠顾,您慢走,祝您一路平安!"然后,目送客户离店。

(3)门卫放行。保安需敬礼,并请客户提供出门单,如"您好,麻烦您提供一下出门单,谢谢!"同时,对客户来店表示感谢,如"祝您开车愉快,一路平安。"然后放行。

(4)客户资料移交。服务顾问下班前整理客户相关资料(包括委托书、接车检查单),转交给客服部门。

服务顾问在接待过程中如果发现这个客户的特殊性,整理资料时标记在委托书的最上面(如接待过程中发现客户的抱怨、多次返修、大的质量索赔等)。

七 客户售后跟踪

服务跟踪是持续提高客户满意度的机会,服务跟踪是上次服务漏洞的弥补,要重视服务后的售后跟踪。

需要说明的是,服务跟踪不只是简单的询问客户是否满意,更为关键的是要了解客户的需求和期望,提高下次回店概率,经销商/维修站必须设立专职的回访人员和独立的回访电话,客户关爱专员必须充分了解客户资料后有针对性地沟通,并定期进行回访信息的整理和分析。

售后跟踪流程如图3-32所示。

1 回访沟通

(1)资料准备。客户关爱专员每天整理客户资料,根据客户离店时间,依次

回访与关怀实训

排列客户资料,筛选和确定回访对象。

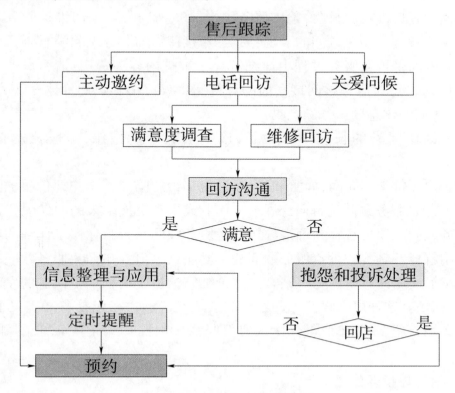

图 3-32 售后跟踪的流程

由客户关爱专员各自在回访前准备好以下资料:委托书、接车检查单、结算单,《回访记录表》《客户抱怨(投诉)处理单》《预约通知》。回访比例:私车客户、重点客户、大修车客户、事故车客户、抱怨客户 100% 回访,其他客户 30% 回访。

(2)取得客户信任。回访人员要问候称呼对方,询问对方是否有时间接受回访,如"×先生,您好,我是×××店的客户关爱专员小王,请问您现在接电话方便吗?"告知回访所需时间,如"我大概会耽误您 3min 时间",语言表达清楚明了,语气要温和富有亲和力,如"首先感谢您在 5 月 1 日光临我们店。"

回访人员要严格按照电话礼仪的要求,直接称呼客户的尊称,使用礼貌用语,说话清晰声音柔和,语速中速,使用普通话,如客户使用方言才可使用方言。

(3)了解使用情况。询问客户车辆现在的使用情况,仔细倾听,善意引导客户,如"您的车现在开起来感觉怎么样?"

回访可以是一次成功的服务邀约,要表现经销店对客户真诚的关心。

（4）请客户评价。客户关爱部根据经销商实际情况制订《回访问卷》，根据回访问卷询问客户，请客户评价整体服务水平，如"请问您对上次维护服务过程满意吗？"请客户评价服务顾问的表现，如"您对接待您的服务顾问满意吗？"请客户评价服务顾问是否在服务过程中详细解释了维护内容和费用，请客户评价接车前的等待，如"您对服务顾问接车前的等待满意吗？"请客户评价休息区的服务，如"您对我们的休息区服务满意吗？"

注意回访问卷的长度不要太长，以免引起客户抱怨，一般控制在3min之内。

请客户评价交车时间，如"当时有按时交车给您吗？"请客户评价服务顾问的成果展示，如"服务顾问是否向您展示了作业成果和更换下来的旧件呢？"请客户评价服务顾问的项目解释和价格告知，如"服务顾问是否给你做了详细的项目解释和费用解释？"请客户评价服务顾问的车辆注意事项告知，如"服务顾问有告知相应的车辆使用注意事项吗？"请客户评价维修维护质量，如"上次您的发动机有异响，现在还有这种声音吗？"询问客户的其他建议，如"在您看来，在这方面我们还有什么地方需要改进？您有什么建议吗？"随时将回访情况记录在《回访问卷》上。

❷ 抱怨与投诉处理

（1）接受抱怨投诉。如果客户有抱怨和投诉时，首先要真诚致歉，如"给您添麻烦了，首先我代表公司向您表示歉意""非常抱歉，能告诉我您在哪些方面不满意吗"然后将抱怨和投诉内容记录在《客户抱怨（投诉）处理单》上，同时对抱怨和投诉的情况表示同情，如"我已经记录了您反映的情况，马上就给相关责任人，24h内会有专人和您联系，尽快给您一个满意的答复"，表示立刻联系相关人员跟进处理。

客户情绪激动时，要耐心倾听客户抱怨，不要打断，待客户说完再安抚客户情绪。如属于车辆故障没有排除，须表示"2h内我们会有专门的人员和您联系"。另外，经销商须在三天内完成客户抱怨（投诉）的处理，否则会激化矛盾。

（2）问题归纳与跟进。将《客户抱怨（投诉）处理单》登记编号后，当天提交给经销店总经理，服务经理填写完成《客户抱怨（投诉）处理单》后在第二天交给客户关爱专员，客户关爱专员三天内再次回访，记录回访内容，以取得客户信任；处理完毕后，在经销商管理系统中由客户关爱专员/投诉第一责任人输入特别备注的内容，如"请问您上次反映的事情有人和您联系并处理吗？""请问您对处理的结果满意吗?""还有什么方面我们需要再改进的呢?"客户关爱专员每月整理一次抱怨与投诉处理情况发给各相关负责人。

重大事件需要在第一时间通知售后服务总监或总经理,售后服务总监或总经理对《客户抱怨(投诉)处理单》批示并转给服务经理,由其负责具体处理抱怨与投诉。

八 非活跃售后服务客户的服务提醒

对于超过6个月没有来店的售后服务客户或者车辆即将过了质保期的客户,需要进行电话提醒,激活这些客户到店进行车辆的维护。在电话交流的过程中,客户往往不太配合或不愿意来,常见的理由有4S店距离太远,维修费用高,维修等待时间长等。针对这种情况,需要服务顾问掌握一定的话术,以提升服务的质量和效率。

背景:原售后客户张先生上一次来店进行售后维护已经是6个月前了。

说明:车主应定期来店为其爱车进行维护,如果客户超过6个月没有来店,则这个客户可能流失,需要联系客户了解对方不再来的原因,并争取客户再次来店。

❶ 基本话术

(1)问候。

"上午好,张先生。我是××××店的客服专员×××,6个月前您在我们这里做过车辆维护,今天给您打电话是想跟您做个回访,听取您的意见和建议,以便我们为您在下次维护时提供更好的服务,您现在方便听电话吗?"

(2)关心客户用车状况。

"我想了解一下您的爱车经过上次维护后,目前使用情况怎么样呢?"

客户:"用得挺好的。"

"那还不错,张先生,您现在的里程数大概多少了?"

客户:"22000km了吧。"

(3)消除疑虑消除疑虑、确认预约。

"哦,那按照您现在行车公里数早就需要做维护了,看您一直都没过来,这样可能会影响您的车辆正常使用,您最近是不是太忙了呀?"

客户:"最近经常在外地出差。"

"那我们建议您出差回来后,尽快到店里做个车辆维护,这样将保证您的车辆能够保持最佳行驶状态,减少日后使用成本。您预计什么时候过来呢?"

客户:"这周三我回来,大概多少费用啊?"

(4)了解车辆信息。

"好的,张先生,你这次要做的是××维护,大概的花费是×××元,时间约为×小时。除了维护,您还有其他需要做的项目吗?"

客户:"没有了。"

"那您周三几点过来合适呢?"

客户:"嗯,下午两点吧。"

(5)核对客户信息。

"好的,张先生,周三下午2:00,我记下了。另外,我再和您核实一下您的地址和微信,我们可以定期把新产品信息或活动动态的信息发给您,您的微信和邮寄地址还是×××吧?"

客户:"对,没错。"

(6)告知后续确认。

"如果您过来的时间有变化,请提前通知我们更改预约时间,这样您到店时就不会耽误您时间了,我们也会在您来之前一小时再给您打个提醒电话,避免您因为工作繁忙,忘记了维护时间。"

客户:"好的,谢谢。"

"不用谢,这是我们应该做的。"

(7)结束语结束语。

"那还有什么我能为您效劳的吗?"

客户:"没了。"

"好的,非常感谢您选择我们来服务您的爱车,如果有什么问题或需要,请随时与我们联系,我们都会尽最大的力量帮您解决的,祝您驾驶平安,我们非常期待本周三与您见面。"

以上是激活不活跃客户到店进行车辆的维护的常规话术。如果在这个过程中客户不配合,也就是有异议该如何应对呢?

❷ 客户常见异议应对

(1)当客户说"我现在没空接电话"时的应对。

"非常抱歉,那您看我什么时间再给您电话比较方便?只要占用您2min的时间,而您的意见对我们是非常宝贵的。"

客户:"下午5:00以后吧。"

"好的,太感谢您了,那我下午5:00再给您电话,再见。"

二次致电:"张先生下午好,我是××××店的客服专员×××,上午跟您通过电话,您现在方便接电话了吗?"

客户:"可以。"

(2)当客户说"去你们那里维修的时间太长了"时的应对。

客户:"去你们那里维修的时间太长了。"

"我理解,张先生。您那么忙,维修如果时间太长的确耽误事。您上次维修等了多长时间呀?"

客户:"等了一下午。"

"和您确认一下,是等待接待的时间长,还是车辆维修的时间长呀?"

客户:"维修的时间,你们的效率太低了。"

"哦,我了解了,张先生。您的车当时是比较多的问题,确实比较难修理是吧?"

客户:"就是个转向灯连灯了,能多大事啊。"

"好的,我知道了,张先生。那么,维修过程中技师是不是又查到了其他的问题一并维修了呢?"

客户:"没说有什么其他问题。"

"哦,是这样的,张先生。我们为了保证维修的质量,从预检到维修,到最终质检有一套完整的流程,这个流程中各环节是必不可少的,也是对您爱车的负责,确实需要一些时间的。当时有没有安排您到贵宾休息室稍微休息一下,而且也能看到整个维修过程呢?"

客户:"就说大概两三个小时,要等不及就明天来,要不就在店里坐那等会儿。"

"我们确实应该提供您更细致的服务,很抱歉,张先生。这点我们一定要改善。其实,维修流程本身时间并不长,很多时候是因为等配件和工位耽误了时间。当然,我们也应该提示您来店前最好事先做个预约,这样可以提前把工位和基本配件准备好,就可以大大减少您等待的时间。"

客户:"是啊,不过当时也没有你们的电话,谁知道这么慢。"

"没关系,张先生,之后我会在把我们售后的电话再发个短信给您。您看这样好不好,按您的公里数,您的爱车又该维护了,这次我帮您做个预约,这次的时间肯定会缩短很多,我们这里有您熟悉的服务顾问吗?"

客户:"没有。"

"那我给您安排服务顾问吧,他叫×××,很有经验,也很细心。不知道您具体什么时间方便,这周三下午 2:30 怎样?"

客户:"嗯,可以。"

(3)当客户说"你们的维修费用也太高了"时的应对。

"张先生,我理解,现在用车成本不断提高,维修费的确应该考虑。您觉得我们的维修费高是跟哪里比呀?"

客户:"很多维修点都比你们便宜。"

"是的,的确有些维修店费用低不少。那您最近都是去的维修店,这半年您还没有去过 4S 店做过维护吧?"

客户:"还没有,快了吧。"

"张先生,作为 4S 店,我们价格是会比维修店高。您也知道我们的维修设备是最专业的,给您使用的零件都是原厂的,我们的技术工人也是具有专业资格的,尤其体现在全面检查和维修方式上,这对您的行车安全和使用成本都是非常重要的,保证您的爱车保持最佳状态。考虑到延长车的使用寿命,从长期来看还是划算的,在非专业店维修单次费用会少些,但是长期来看,可能造成对车的损伤,损失更大,您说是吧?"

客户:"嗯,但是费用可是差多了啊!"

"是的,张先生。我们帮您算笔账,其实我们会经常提供一些免费检测,也会不定期做优惠酬宾活动,总体算下来也省不少钱;您可以回想一下,我们每次的预约服务同样也会节省您的时间成本;维修、维护的透明化操作也可以使您时时地观察您的爱车维修状态,更加安心。您的爱车目前也到了维护周期,我现在帮您做个预约吧。您看这周三下午 2:30 您方便吗?"

客户:"可以,那约一下吧。"

"请问您有熟悉的服务顾问吗?"

客户:"没有,你安排一个吧。"

(4)当客户说"到你们那里路太远了"时的应对。

"您是从什么地方过来呀?"

客户:"我在×××路呢,到×××也堵车。"

"嗯,那您公司是不是会离我们近一些呢?"

客户:"公司离你们那里倒是还可以。"

"是啊,张先生,×××离我们这里是有点距离。既然您公司还不远的话,我们建议为您预约一个工作日的时间,这样您直接从公司过来会方便很多。当然,我们也考虑到不耽误您的工作,我们会帮您预约一个中午的时间,并您提供精致的免费午餐,您既维护了车也不耽误工作,大大节省了您的时间成本,一举两得。张先生,您看这样的安排您还满意吗?"

客户:"可以啊。"

"那我帮您约在什么时间会比较方便呢?"

客户:"嗯,这周三中午12:00吧。"

"请问您有熟悉的服务顾问吗?"

客户:"没有,你安排一个有经验点儿的吧。"

(5)当客户说"最近车不是我在用,所以我也没怎么上心管这事儿,你们也不用提醒了"时的应对。

"哦,是这样啊张先生。即使目前不是您主要使用这辆车,相信您也希望使用这辆车的人能够有高品质的驾驶体验,同时节省日常行驶的成本,而且定期的维护还能够防止出现一些不必要的意外,您作为车辆的拥有者也是有义务确保车辆在正常的驾驶状态,您说是吧?"

客户:"嗯,也是的,那我和我太太说一下,我周三过来做一下维护吧,大概多少费用啊?"

(6)当客户说"最近我买了辆新车,这辆旧车就放那儿了,我也没开它,就不用维护了,你们也不用提醒了"时的应对。

"哦,恭喜您啊,张先生,不知道您新买了辆什么车呢?"

客户:"哦,一辆×××车。"

"是吗!这辆车很能彰显车主的品位和地位,您一定很喜欢这辆车吧。"

客户:"嗯,开着感觉挺好。"

"张先生,虽然您的这辆旧车最近不怎么开了,不过还是要定期维护啊,汽车润滑的机油是有保质期的,即使您没有开,时间到了也是要更换的,否则影响车辆的性能和零件的寿命。所以,还是建议您能最近回来给您的车做个维护,这样您想开的时候随时都能用,不会耽误你的使用,您看怎么样呢?"

客户:"嗯,这周三吧,我过去做个维护。"

单元小结

本单元是汽车维修接待的核心内容,通过对维修服务流程各环节的介绍,从预约执行、维修接待准备、客户接待、维修工单制作、维修进度监控、客户车辆交付、售后服务跟踪等方面进行了详细的介绍,从服务顾问的角度出发,提出了详细的操作流程和关键点,给出了大量的操作指导和理论链接,是服务接待岗位必备的知识和技能训练素材。

思考与练习

一、填空题

1. 维修服务流程是汽车维修企业为了提升车辆维修质量和提升客户满意度而设计的_____和_____,流程规定了业务的执行顺序、工作内容、工作对接与工作人员工作标准等内容。

2. 客户满意度调查发现,"_____"和"_____"都是导致客户产生不满的重要原因。

3. 客户最大的疑虑之一就是他们不知道以后会发生什么事,最好的解决方法是向他们说明将会发生的事,这就是_____。

二、判断题

1. 有准备的服务能提高工作效率,减少客户等待时间。　　　　(　　)
2. 客户接待环节的关键点有三个:指引、引导、迎接。　　　　(　　)
3. 客户需求分为:理性需求、感性需求、主要需求、次要需求。(　　)

三、简答题

1. 简单说明维修服务流程的几个环节。
2. 简单描述客户一般接待时的注意事项。
3. 维修工单的制作有哪些核心要点?
4. 客户车辆交付时服务顾问的工作重点是什么?

单元四　维修接待的服务营销

 学习目标

1. 能简单说明服务的概念；
2. 能简单说明营销的基本概念；
3. 能复述出服务产品的特性；
4. 能说出服务营销的常见方法；
5. 能说出服务产品价值塑造的方法；
6. 能说出现场精品和养护品销售的常见方法；
7. 能利用本单元内容对现场精品和养护品进行价值塑造；
8. 能利用本单元内容促进服务产品和现场精品的销售。

 建议课时

10课时。

一　服务营销概念

（一）服务营销概述

❶ 服务的概念

什么是服务？以前是用产品的生产、储存、交换来换取货币、创造财富。服务是否可以创造财富呢?客户花钱费力费时,如果没有买到所有权,那到底买的是什么?这些服务到底帮助客户解决了什么问题?或者说,服务的价值到底是什么?比如,你去理发店理发时,你付给理发店费用,是否购买到所谓的所有权呢?你去电影院看电影,你付费买了电影票,请问你购买的是电影票这个票据呢还是其他什么?由此可以看出,我们虽然付费进行了购买,但却无法拥有所有权。

服务最通俗的定义是:有些东西你可以买卖,但无法归入囊中。是否涉及所有权的转移是区分产品与服务最科学的一个维度。从服务营销的角度看,服务是一方向另一方提供的经济活动。在特定的时间内,服务提供方的"演出"会给服务接受者(人、物或资产)带来预期的结果。客户付出金钱、时间和精力,期望通过服务组织提供的货物、劳力、专业技能、网络和系统等获取"价值"。但对于服务过程中所出现的任何有形要素,客户通常都无法获取到其所有权(商品的基本属性是价值和使用价值。使用价值是指商品能够满足人们某种需要的属性,价值是指凝结在商品中的无差别的人类劳动)。服务为两方之间所产生的经济活动,其含义是,在市场上,价值在买者和卖者之间进行交换。

❷ 关于服务的三点解释

(1)客户要参与服务,时间因素在服务过程中非常重要。

(2)通过购买,客户得到的是他们想要的或预期的结果(实际上很多企业在市场上营销的是潜在客户需要的解决方案)。

(3)客户付出金钱、时间和精力,换取期望的价值,这些价值来自进入能够创造价值的有形或无形场所、系统等要素,而不是要占有这些要素,得到其所有权(维护、修理中需要的零配件除外)。

❸ 营销的概念

(1)市场营销就是在适当的时间、适当的地方,以适当的价格、适当的信息沟通和促销手段,向适当的消费者提供适当的"产品和服务"的过程。"在满足客户需要的同时创造利润"——菲利普·科特勒《营销管理》。

(2)"企业的目的是创造客户的……因此,任何企业有且只有两个基本职能:营销和创新。"只有营销和创新可为企业创造收益,而其他的职能均属成本。营销就是"让推销变得多余"——管理之父彼得·德鲁克《管理的实践》。

(3)台湾宏碁电脑的创始人施振荣早在1992年就提出了著名的"微笑曲线"理论(图4-1),并且被全世界广泛接受。在这个著名的微笑曲线理论中,企业获得的附加价值取决于它做的事情:如果做制造,那么很遗憾它的利润率将是最低的;而如果做的是研发或者是营销,也就是微笑曲线的两个端点,那么它的附加价值将最高。

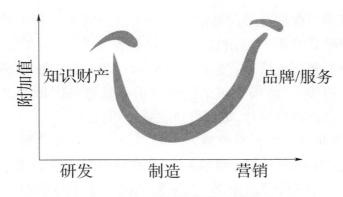

图 4-1 "微笑曲线"理论

(4)站在企业的角度看客户:企业所有的行为,企业所有的资源,无非是要超越竞争对手,让客户的需求发生在我们身上,同时满足客户的需求。站在客户的角度看企业:我为什么和这个企业合作呢?企业用什么来满足我的需求呢?客户这时看到的是价值!(市场)营销,就是企业用价值不断来满足客户需求的过程。

(5)销售是什么。销售就是介绍商品提供的利益,以满足客户特定需求的过程。销售不是一股脑地解说商品的功能;销售不是与客户辩论、说赢客户;销售不是我的东西最便宜,不买就可惜;销售不是口若悬河,让客户没有说话的余地;销售不是只销售商品,因为客户对您有好感,才会信任您所说的话。好的销售不是强有力销售,而是把问题提出,让别人以与以往不同的方式进行思考的过程。营销是一对多,销售是一对一;营销是做市场,销售是见客户;营销是去花钱,销售是来挣钱;营销是促人来,销售是促成交。

4 服务营销

"服务营销"和"通过服务营销"是不一样的。服务营销中,服务本身就是核心提供物,通过服务营销则是有形产品中附加的服务。如果这些服务非常好,肯定会对有形产品的销售起到积极的促进作用,而且可以为客户创造价值。服务营销中的重点是价值的创造和价值的传递。

(二)服务产品的特点

汽车售后服务提供的是有形产品还是无形产品?汽车售后服务是卖配件、

设备和工时吗？如果是这样,那么4S店与汽配城有什么区别？怎样更好地理解工时的销售和配件的销售？汽车售后出售的应该是服务产品。

❶ 服务产品的特点

我们是通过服务促进有形产品销售还是要将服务本身作为核心产品进行营销？汽车售后服务是有形产品销售吗？产品包括有形产品和无形产品(服务),客户服务和售后服务都应该是有形产品的附加服务(如咨询、财务、发货、系统升级、搬迁、商品处置等)。本书要讲的服务营销不是这种附加的服务,而是"将服务本身作为一个产品进行设计,进而促进交换形成商品"。

比如,劳斯莱斯公司不再单纯地为空客提供飞机的发动机,而是改为"按小时销售动力",将产品(发动机)和服务(动力持续)融合为一体,产品名称定位"全方位动力呵护",广告推广语是"保证发动机一生安安静静"。目前,该公司80%的发动机用这种模式进行销售,不再是单纯卖整机和配件了(消费者只需放心使用即可)。

这给了汽车售后服务企业更多的启发:将配件、设备、技术、人员、服务整合起来形成一种全方位关怀的服务产品,客户就可买到车辆的放心和安心使用,对品牌产生信心。车主的需求不再是购买配件和工时,而是车辆的安全运行和舒心使用。这是汽车售后服务重要的创新方向,其本质是满足车主的最核心需求。车主未来更需要的可能是一种安全放心的"用车方案"。

售后服务产品的价值是其具备解决问题的功能。客户开着车辆来到4S店寻求售后服务,首先要明确客户遇到了什么问题,需要什么来解决其问题,然后,才能提供解决问题的产品或方案。售后服务的产品主要是用来解决客户问题的(包括车辆的问题、客户本人的问题),要重点关注客户价值的创造及客户问题的解决。售后服务产品其实是一种将配件、设备、技术、人员、服务整合起来形成一种全方位关怀的服务产品,这样的服务产品包含了零配件销售、技师的技术和劳动,也包括了增值的产品。

汽车是一个复杂技术的集合体,维修时技师的技术水平和经验非常重要,而现实生活中人们往往忽视了这种技术的价值。技术也是劳动,技术也是商品;这也凸显了技术的价值。

售后服务的本质还是用技术解决客户的问题,只有从技术解决才能增加客户的黏度。一个项目就是一个解决方案(从本质上给客户解决问题),一个解决方案就是一个产品,把常见的问题解决方案变成服务包,一个服务包就是一个产品,而产品是具备价值的!

单元四　维修接待的服务营销

❷ 服务产品的核心要素

（1）人体服务。服务产品包含人体服务，如衣食住行、健康、漂亮等。客户需要将身体作为服务对象投入；客户要主动与服务提供者合作，其结果是使客户在生理上更舒适、更健康。管理者必须从客户角度考虑服务流程问题，不仅要考虑每个环节给客户带来的价值，还要考虑由此而产生的非货币成本（如时间、心理和生理的付出，是否会令客户感到恐惧或痛苦）。汽车售后服务中的客户接待应该属于人体服务。

（2）所有物服务。服务产品包含客户所有物的服务。客户想要的是针对其所有物的一些有形服务，服务的目的是延长这些所有物的使用寿命。客户不一定到现场，参与度也非常有限。流程一般是客户将需要处理的所有物交给服务人员，提出服务要求，说明自己要做什么，然后取回物品，付款走人。有时客户会留在服务现场监督。汽车售后服务中的所有物应该是客户关心的车辆。

（3）精神服务。服务产品中包含对客户的精神服务，一般包括教育、新闻、信息、专业顾问、心理治疗、娱乐及宗教活动等，触及人心灵，可能重塑人的态度或改变人的行为，需要客户投入金钱、时间和精力。服务的核心与信息紧密相关。

（4）信息服务。服务产品中包含信息服务，如金融服务、专业服务（会计、法律、市场调查、管理咨询、医疗诊断）。信息服务结果的无形性最为明显，但我们可以将服务的结果转化成有形的形式（信件、报告、光盘等）。信息服务与精神服务的边界是模糊的，有时也将二者合称为基于信息的服务。

❸ 服务产品的价值

价值是商品的属性，货币表现出来的价值就是价格，如果我们给消费者塑造的价值越高，你获得的价格就会越高。价值塑造越大，价格就会越高。价值更多的是感性的思维判断（图4-2）。

中国是以农业社会为基础，人们心目中的价值体系往往会依赖成本；西方是商业社会，往往不考虑成本而直接塑造价值。让消费者不关注成本，转而关注价值，则价格就上去了，这就是商业社会的价格逻辑（图4-3）。

怎样让客户接受我们的价格和服务呢？因为人们对价格的敏感更多的是依赖感性的价值判断，所以，如果更多地塑造价值，则客户对价格的敏感度就会降低。

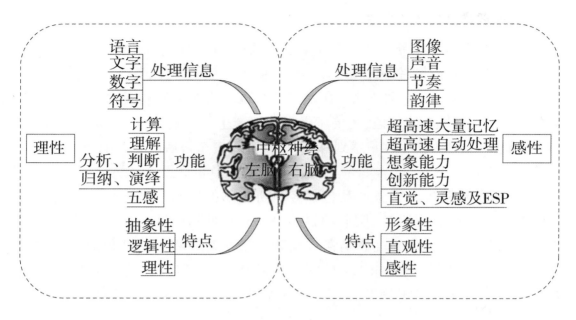

图 4-2　感性的思维

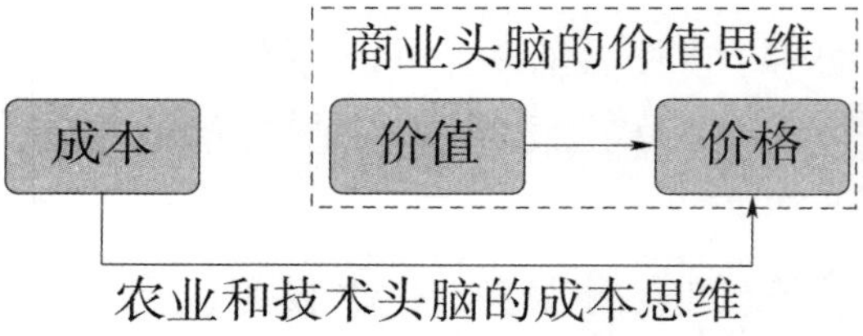

服务产品一般有三种价值：功能价值、心理价值（外延价值）、经济价值（外围价值）。

图 4-3　价值的塑造

（1）功能价值：服务产品自身带给客户的使用价值，就是客户直接想要的部分（最核心的价值）。企业服务如果只做产品功能，只有做到唯一，才可能有机会卖好。同等功能，价值只能卖价格。

（2）心理价值（外延价值）：在功能价值基础上延伸出来的、可以接触的价值即心理价值，也叫附加价值，客户收获到的增值部分如服务效率、质量、心理感受、内心喜悦等。

（3）经济价值（外围价值）：客户内心趋于认可的价值，如品牌价值、心理认同等，比如身份体现、影响力等。

现实中，我们往往只看重了功能价值（成本思维），而忽视了外延价值和外围价值（价值思维）。随着物质丰富和同质化竞争，人们更多地不再是购买功能，而是购买更多价值的东西。比如一个产品通常由六个方面构成（图4-4），功能是根基，其他五个都是感性的价值塑造。价值塑造与价格是成正比的。企业如果仅仅提供功能，则产品的价格就会很低；反过来说，企业如果忽视了功能而直接塑造价值也就成了无根之木，不会长久。

4 服务产品价值的塑造

服务产品是一个整体的解决方案,其销售价格与塑造的价值是直接相关的。如何进行服务产品的价值塑造呢?我们以一个汽车空调项目服务产品进行说明。对于汽车空调,传统的做法都是免费检测、更换滤芯、更换制冷剂、检测温度、出风量等。这样的做法往往不能给客户更高价值的体现,价格也上不去,如果把汽车空调作为一个整体服务产品看待,则可以进行服务产品的价值塑造。事实上,已经有企业专门做了汽车空调的服务产品并进行销售,效果和市场反馈都非常好,这也是技术营销的一个突破口。

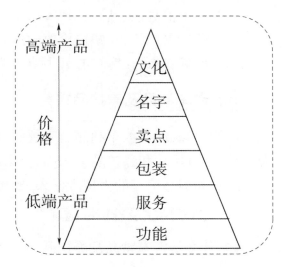

图 4-4 产品的六要素

对于汽车空调,客户需要的是正常运行、舒适的温度、合适的出风量、清洁的空气、便捷的操控等需求,实际上,一个空调系统应该有多个检测点。如何通过服务产品价值塑造增加企业对空调项目的盈利呢?

(1)列出空调的所有功能和好处 A。可以列出空调和空调维护与修理的所有功能和好处,包括空调本身、企业自身技术、空调所用材料等。在列功能和好处时一定不要忘了服务产品的三个价值,比如功能价值是空调制冷,外延价值就是开车不困、提高行车的安全性,驾驶人有面子等。

(2)列出其他企业也能提供的功能和好处 B。通过调研,列出其他同类企业也能提供的空调功能和价值,这里列出的应该是市场中都存在的功能和价值。

(3)列出客户不认可的功能和价值 C。最后,通过客户调研和反馈,列出客户不认可的功能和价值。

列出上述三个层面的 A、B、C 后,用 A-B-C 的方法得出剩余的功能和价值,这个功能和价值就是自己企业独特的、有差异化的功能和价值。然后,用消费者能接受的语言包装这个独特的功能和价值,比如"原厂制冷效果的空调维护",并通过宣传渠道将这个独特的价值宣传和推广出去,这就是服务产品价值塑造和传播的"A-B-C"方法。

当员工觉得给客户带去的价值越多、越大时,员工的自信心会加大,给一个东西塑造的价值越多、越高就越容易达成营销和销售。新产品开发出来后,企业都会开始塑造其价值,在塑造价值的过程中用价值去和客户沟通,聚焦成一个差异化的价值优势点,在客户心目中留下痕迹,这就是品牌。

二、汽车精品及养护品销售

众所周知,现在整车利润越来越低,4S店不断在前装精品和后装精品上下功夫,力图通过精品和养护品为4S店获取更多利润。前台接待的服务顾问作为后装精品和养护品销售的直接责任人,要更加重视销售技能的提升。

(一)汽车精品及养护品概述

❶ 什么是汽车精品及养护品

汽车精品(图4-5)和养护品是对汽车功能、外观、个人偏好的有益补充,是达到美化外观、加强完善功能和展现个性化特点的汽车配件、美容、养护产品等的总称。

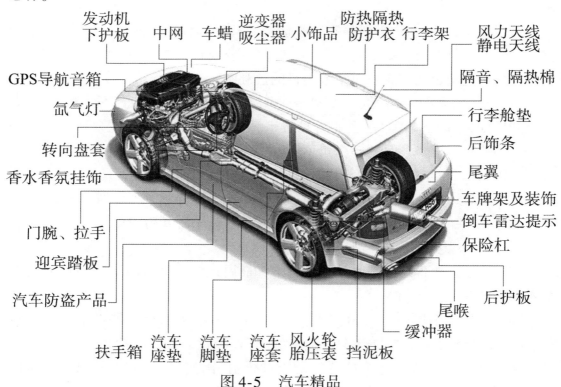

图4-5 汽车精品

❷ 汽车精品和养护品的好处

汽车精品和养护品的好处见表4-1。

汽车精品和养护品的好处　　　　　　　　　　　　表 4-1

对　象	好　处
用户	1. 美化车辆外观,展示个性特征; 2. 提高驾乘的安全性; 3. 提高驾乘的舒适性、便利性; 4. 减少用车的使用成本,提高经济性; 5. 提高车辆的档次,增加豪华感; 6. 减少车辆的自身磨损,延长使用寿命
服务顾问	1. 增加收入来源; 2. 增加专业服务的亮点; 3. 体现个性化的关怀服务; 4. 创造更多的客户价值
4S店	1. 提升产品的形象和档次; 2. 信誉度高,汽车服务项目全面; 3. 专业性安装,针对性强,售后有保障; 4. 一站式服务让车主省时又省心; 5. 满足客户不同需求,提升客户满意度

❸ 汽车精品和养护品的种类

汽车精品和养护品的种类有很多,常见产品见表 4-2。

汽车精品和养护品的种类　　　　　　　　　　　　表 4-2

类　别	常　见　产　品
内装精品	主要是指用于汽车内部装饰和布置的产品,常见内装精品有:汽车香水座、脚垫、地毯、座椅套、转向盘套等
外装精品	主要是指用于车外装潢的产品,常见外饰精品有:晴雨挡、挡泥板、车贴、汽车尾灯框等
养护精品	主要是指用于汽车的定期维护使用的产品,常见养护精品有:汽油清净剂、清洗剂、燃油/进气/积炭系统清洗剂、车内/车外美容养护产品等

续上表

类　　别	常　见　产　品
品牌纪念品	主要是指汽车厂家为提升品牌形象而衍生出的产品,常见品牌纪念品有:领带、车模、自行车、手提袋、运动帽等

❹ 4S店汽车精品和养护品特点

可以购买汽车精品与养护品的地方很多,比如汽配城、网络销售等。4S店汽车精品和养护品的特点是:特定渠道(专供)、专供优质、配套整合(为专业渠道量身定制)。深度开发养护的系统有发动机系统、冷却系统、空调系统、转向系统、自动变速器系统、燃油系统、制动系统、限速保护系统等。

(二)汽车精品及养护品的销售实务

❶ 汽车精品和养护品销售的9条建议

好的销售人员可以通过更多的表达和沟通,帮助客户建立信心,从而实现购买的目的,以下9条建议对应促进销售是很有帮助的。

(1)好的销售不是强有力推销,而是把问题提出,让别人以与以往不同的方式进行思考。

(2)要明白销售过程中客户的6个心理疑问(你是谁？你要谈什么？你谈的对我有什么好处？如何证明你讲的是事实？我为什么要跟你买？我为什么要现在跟你买)。

(3)销售的是观念,买的是感觉,卖的是好处。要将精品和养护品对客户的好处说出来。

(4)正确使用销售的话术:FAB法则就是指运用产品的特征(解决方案)、优点(优势)、利益向消费者介绍产品。如果销售人员这样向他的客户介绍自己的真皮座椅:"我们这真皮很柔软,不信你试试看,你摸一摸,真的吧？我跟你讲,不骗你,我们这真皮座椅是进口的,你看我们这……"销售员说了一大堆以后,客户可能还是没有接收到任何有用信息。如果换一种说法:"先生,我们这个座椅是进口的真皮座椅,它非常柔软,装上去会让您这款车看上去有足够档次,坐上去也会让您觉得十分舒服。"也许一下子就完成了交易,这就是FAB法则的无限魅力。

利益是客户的关心点。客户并不关心技术到底是如何领先的,他们关心的只是这些高新技术对他们有何利益。产品再多的功能,对客户来说就只是功能,

单元四 维修接待的服务营销

只有利益才是其能够实际得到的。销售人员要关注客户的价值体验,要把产品价值说出来,使用正确的方法增加产品的价值,为增值的产品取恰当的名字,向客户介绍产品价值的所在。只有这样,才能更好地促进销售。

(5)做好服务营销的5个熟悉。服务顾问要熟悉客户、熟悉车辆、熟悉库存、熟悉车间、熟悉流程,这样才能更好地做好营销。

(6)了解汽车的使用基本常识。比如95号汽油与92号汽油有什么区别?什么是积炭?什么是油胶?积炭和油胶对车辆的正常工况变化有何危害?为什么在维护后还需要深度维护?为什么维护后相应的故障症状没有被消除?机油的指标有哪些?全合成机油为什么要比矿物机油贵?发动机的磨损主要来自哪里?我的车开得好好的,没什么毛病,为什么要清洗?没什么效果,有必要洗吗?水箱中的污垢有什么危害?水箱中的污垢是怎么形成的?等等。

(7)要把握汽车精品和养护品销售的最佳切入点。服务顾问在接待客户进行环车检查时,根据客户车辆自然地切入汽车精品和养护品销售是最佳时机,比单独的推荐更能让客户接受。比如,环车检查时发现客户有小孩,可以适时地推荐儿童座椅,检查里程表时可以根据行驶里程推荐发动机的深度维护等。

(8)现场精品卖的是"个性化体验"。服务顾问在销售精品和养护品时要让客户感觉到汽车精品和养护品可以让其爱车与众不同,可以让客户的驾乘体验因加装了汽车精品和使用了养护产品而与众不同。

(9)养护品卖的是"放心、安心、舒心"地使用车辆。服务顾问在销售养护产品时要暗示客户车辆(部件)有正常的磨损和使用寿命;车辆因使用条件(路况、油品、环境、天气、习惯)不同而造成性能(动力性、经济性、操控性、舒适性、安全性)不同,甚至是安全隐患;深度养护可以让其爱车保持最佳使用性能,从而打动客户。

❷ 养护品销售的常见话术

由于客户对车辆的认知不同,养护品在销售过程中,客户往往会提出很多异议,服务顾问需要针对客户的异议正确应对,这样才可消除客户的担忧,增加客户的购买信心。以下是服务顾问经常遇到的客户问题。

(1)这是必须要做的吗?是厂家规定吗?这些清洗剂、保护剂是原厂的吗?

针对这类问题,服务顾问可以这样回答:这是根据现在汽车的行驶里程,我们建议您做的维护项目。我们自己厂家没有这类产品,我们4S店一直给我们的客户使用的就是这种产品,这些都是厂家经过严格认证后才给客户使用的。

(2)我以前维护车辆时怎么没有这么多的产品要使用呢?

针对这类问题,服务顾问可以这样回答:不同的行驶里程,汽车的维护项目是不一样的。主机厂建议车辆每5000km换机油、20000km清洗油路……不同的行驶里程下,每次维护的项目也是不一样的,根据现在的行驶里程,建议您这次就做这些维护项目。

(3)我以前的车一直没有做过什么维护之类的服务,车开得还挺好,也没出现什么问题。

针对这类问题,服务顾问可以这样回答:以前是没有这类产品,所以没有做类似的维护项目,现在有了这些维护产品后,我们厂家就建议客户使用。使用后您的车辆会更好,也能延长车辆的使用年限,与同样里程的老旧车辆比起来,汽车的操作性、安全性都会有很大的提高。

(4)这些产品有什么用?

针对这类问题,服务顾问可以这样回答:用了这些产品肯定会对车有好处。定期使用后,会使您的爱车保持新车般的车况,对车也是具有很好的保护作用。

(5)不做这些,我赶时间,只换机油就行了。

针对这类问题,服务顾问可以这样回答:这些项目其实不会耽误您太多的时间。这些项目都可以同时操作,所以和换机油时间不会相差太多。

(6)我下次来做,这次不需要这些。

针对这类问题,服务顾问可以这样回答:依照目前的里程数来看,还是建议您这次做了,下次做就有些晚了,对车肯定有一些影响。

(7)不用保护剂,我每次来清洗就行了。

针对这类问题,服务顾问可以这样回答:清洗剂只能把发动机内部的油泥积炭清洗干净,而保护剂不仅可有效地保持发动机内部的洁净,还能有效地对发动机进行保护,主要是能提高机油的品质和保护发动机免于冷车起动造成的磨损,所以保护剂更加重要。

(8)这么贵,做个维护要这么多钱。

针对这类问题,服务顾问可以这样回答:这些是您的爱车到了现在的行驶里程所应该做的维护项目。车本身就是三分修七分养,您现在用的这些钱其实是为以后节约。汽车维护如果不认真对待,以后出现的问题就会比较多,有些事情是不能用金钱来衡量的。

（9）为什么要做这些维护项目？维护手册上不是说30000km更换，为什么现在就告知我换呢？

针对这类问题，服务顾问可以这样回答：维护手册上的数据是厂家在试验室里得出的，是为客户更好地维护自己的爱车提供的一些参考数据。但是在全国范围内，各个城市的环境、路况、油品等诸多情况各不相同，所以，这是我们根据咱们本地区的具体情况给您制订的一套维护项目。

（10）发动机已经清洗过了，为什么还要使用保护剂？

针对这类问题，服务顾问可以这样回答：因为配套使用效果更佳，让汽车在远行过程中减少积炭的产生，降低磨损和噪声，时时刻刻保护您的爱车，提高您驾驶的舒适性。

（11）润滑系统积炭清洗剂的销售话术。

车辆行驶了20000km后，发动机内部会有大量积炭、胶质和油泥产生，长此下去对发动机非常不利，从而缩短发动机的使用寿命。这种产品对发动机有清洗作用，能去除积炭和胶质，所以这次应该先洗了再换机油，如不洗的话，就相当于把新的机油加在脏的发动机里，会使机油变质，白白浪费了新换的机油。

（12）润滑系统保护剂的销售话术。

保护剂一般是与清洗剂配套使用的，它加入新机油里，能提高机油抗酸抗氧能力，并能在发动机运行过程中自动清洗发动机，最主要的是，它有挤压抗磨的功能，在冷车起动时，由于机油沉底，发动机在无润滑的情况下起动，对发动机损伤十分大。而使用保护剂后，因它含有挤压抗磨剂，会在发动机内壁上附着一层保护膜，对发动机进行有效的保护，延长发动机使用寿命，即使是市面上最好的机油，都无此功能，因此，建议您使用。

（13）进气系统清洗剂的销售话术。

汽车在行驶20000km后，进气道会产生胶质和积炭，使您的车耗油增加，因此，建议您使用专业产品对进气道进行清洗；除此之外，进气系统清洗剂还能润滑节气门轴，解决节气门犯卡的毛病，使您感觉加速更顺畅。

（14）燃油系统清洗剂的销售话术。

汽车行驶了20000km后，燃烧室及喷油嘴处的积炭都十分严重，严重影响了汽车的性能，油耗也上升了，所以，您应该加入燃油系统清洗剂对整个油路清洗一次。

三 技术营销

目前,汽车后市场出现了很多新的创业形态来争夺客户。汽车作为一个复杂的交通工具,其技术含量是很高的,4S店作为一种主机厂的经销商模式,其服务能力和技术优势是不可低估的。客户到4S店来寻求服务,其本意不是购买配件,也不是寻求技术,而是要保障其车辆的恢复和性能保证。作为交易,客户往往是通过工时费和配件费用来支付我们的商品费用的,而工时的定义与技术的积累正是4S店宝贵的资源。4S店拥有这种商品的优势,也要发挥这种优势。

4S店售后的利润 = 入厂台次 × (单车收入 − 单车变动成本 − 固定成本)

其中,最敏感的是单车收入和入厂台次。这两个因素与服务接待前台有直接的关系。

提升入厂台次即增加进厂量。增加单车收入不是简单增项和提价,而是用知识让客户把该花的钱花在你这里。这里最重要的思想就是车辆的技术营销,通过技术提升服务的价值,通过技术锁定客户,通过技术实现服务产品的销售。

单车收入也叫单车产值,关注的是同一个客户的贡献,一般包括单次产值和进厂次数。单次产值可以通过车辆状况、技术挖掘、技术诊断、客户个性化需求、精品推荐等方式提升;进厂次数需要通过客户管理系统挖掘客户的价值链延伸,通过服务创新以及新型的互动方式,增加客户来店的次数。

客户车辆的服务离不开技术,随着消费市场的理性化,汽车4S店的技术优势会逐渐体现出来,通过技术进行营销的价值也将逐步体现,即便是简单的维修维护工作,其技术价值也是很高的。如果4S店能及时开发并利用技术优势为客户创造价值,这比简单的增项和推销更能让客户接受。技术的价值体现在一次诊断率、一次修复率、最优方案的制定,质量的保障和客户成本的降低。

❶ 发动机冷却系统

发动机的冷却系统对于发动机的工作性能有很大的影响,常见的项目有清洗水道、更换冷却液、检查风扇等,而客户往往以为这些项目是没有太大必要的,如果服务顾问能通过技术手段和技术数据进行说明,客户接受的程度就会大很多。比如通过冷却液温度的检查、风力的检查、冷却速度的检查、水垢的危害展示等,让客户看到其车辆这些数据存在问题,通过数据让客户信任服务顾问。

单元四 维修接待的服务营销

❷ 制动系统

制动系统最主要的就是制动片和制动液的维护。部分经销店采取了提前更换制动片的方式,给客户造成了不该更换而更换的不好印象。制动液一般情况下是两年更换一次,但由于车辆的使用条件不同,也不一定非得两年更换,服务顾问可以通过制动片的具体数据检测、安全数据对比对客户进行说明。制动液一个重要的维护指标就是含水率,所以,如果通过检测仪检测出制动液的含水率,客户相信的可能性将增强。

❸ 空调系统

空调系统常见的项目是免费检测,其实空调的好多项目是可以收费的,而且客户是认可的,关键是服务顾问往往缺乏有说服力的数据。比如通过空调出风量的检查、降温速度的检测、最低温度的检查,把这些数据展示给客户,并将维修维护后的这些数据与维修前的数据进行对比,客户则会信任并认可这个服务项目。

❹ 埋蘑菇法

蘑菇小的时候是没有太大价值的,但我们发现的小蘑菇也有可能被别人发现而被挖走。所以,最好的办法就是发现小蘑菇后把蘑菇埋起来,等长大后再挖走,这样可以创造更大的价值。对于客户的车辆,如果我们发现了小问题、小故障,而客户暂时又不认可不配合时,我们可以通过技术的手段给客户进行说明,不是恐吓客户,是把这个小问题牢牢掌握在自己手中,这就是通过技术的手段进行"埋蘑菇"。

以上只是简单的举例说明,类似的还有很多,服务顾问在提升客户沟通和需求分析能力的基础上也要提升自己的技术问诊能力,这样才可更好地为客户服务,也为企业创造价值。

单元小结

本单元通过对服务及服务产品和服务营销的描述,给出了服务的概念、服务产品的特点、服务产品的价值塑造、服务产品的营销策略,对于售后服务中前台接待的服务顾问提升销售技能有具体的帮助,并通过汽车精品和养护品的销售实践,将服务营销的理论应用到实践中,较好地提升了维修服务接待的营销和销售能力。

一、填空题

1. 营销从道的层面是_____，营销从术的层面是_____。

2. 购买前能够评价的有形产品特点属于_____；购买前无法进行评价，体验后可以评价的称为_____。

二、判断题

1. 服务最通俗的定义是：有些东西你可以买卖，但无法归入囊中。（　　）

2. 站在企业的角度看客户：企业所有的行为，企业所有的资源，无非是要超越竞争对手，让客户的需求发生在我们身上，同时满足客户的需求。（　　）

3. 服务属性包括搜寻属性、经验属性、信任属性。（　　）

4. 消费心理学有一个研究成果，客户在以下三种情况下会不满意，并由此对商家（企业）产生负面评价。这三种情况是：客户感到被轻视、客户感到被欺骗、客户感到被侵犯（过度推销，诱骗）。（　　）

三、简答题

1. 客户能感知的风险包括哪些？

2. 汽车售后服务中要想提升客户的满意度，可以按照哪四个重点要素和环节执行？

单元五　常见维修服务项目接待

 学习目标

1. 能说出服务顾问在日常维修接待中需要注意的12个环节；
2. 能说出发动机项目的常见维修项目及应对；
3. 能说出传动系统常见的维修项目及应对；
4. 能说出汽车底盘系统常见的维修项目及应对；
5. 能说出电气系统常见的维修项目及应对；
6. 能说出事故车项目的接待要点；
7. 能说出快修服务项目的接待要点；
8. 能利用本单元内容进行常见项目的维修接待实践。

 建议课时

12课时。

一　维修项目接待概述

服务顾问在日常的接待过程中，除了需要具备政策、礼仪、沟通、流程、服务标准、营销和销售知识及技能外，还需要掌握车辆不同系统的专业知识，提升预检和问诊的能力，提升一次诊断率和一次修复率，才能更好地建立服务顾问专业和职业的形象,增加客户的信心。本单元重点通过案例的方式说明服务顾问在技术接待领域需要具备的知识和流程技能。

一般来讲,服务顾问在服务接待过程中除了按照厂家要求的服务流程作业外,自身还要有意识地完成以下12个环节:接车、车辆检查、故障原因确认、客户方案说明、完成维修工单、实施故障排除、维修效果检验、客户展示说明、协助客户交费、完成客户档案管理、统计车间业务和经营指标、自身培养和能力提升。

❶ 接车

该环节服务顾问要重点从客户接待的角度帮助客户快速进入舒适区,消除客户的紧张和不配合行为,为后续的接待工作奠定基础。该环节重点考察的是服务顾问的礼仪技能、沟通技能和协调能力。

❷ 车辆检查

该环节服务顾问重点要从车辆的状况和存在的问题入手,利用专业的汽车知识和车辆使用知识发现客户车辆存在的问题,为维修项目的确认和提升单车产值奠定基础。该环节重点考察客户的需求分析和销售能力、客户沟通能力、客户关怀意识等。

❸ 故障原因确认

该环节服务顾问重点是通过自身的技术经验或借助车间技师的帮助,准确地确认客户车辆的故障原因,确保一次诊断率,为后续车间的维修奠定基础,为提高客户的满意度打下基础。

❹ 客户方案说明

该环节服务顾问的工作重点是通过对车辆的检查、故障的确认、客户的需求等相关因素的分析,汇总后给客户制订详细的工作方案,包括维修项目的说明、费用的说明、维修时间的说明、交车时间的说明、特殊情况、注意事项告知等。通过这些内容的说明,获得客户的认可,为顺利签订维修工单奠定基础。

❺ 完成维修工单

该环节服务顾问的重点是通过方案说明,获得客户的认可,通过经销店工单制作系统完成客户的工单,包括客户的基本信息、车辆的基本信息、车辆检查的基本信息、维护维修的基本信息、配件的信息、工时的信息、费用的信息、时间的信息、服务顾问的相关信息等,最好打印出维修工单,一张给客户取车时用,一张经销店留存。

❻ 实施故障排除

该环节重点是车间的维修,服务顾问的工作重点是关注车辆作业的进展情况,并及时保持与客户的沟通,如增项的处理,客户的关怀,维修进度的保障等。

❼ 维修效果检验

维修效果是客户满意度的最核心要素,除了车间进行维修质量检验外,服务顾问是检查的最后一道关,该环节服务顾问的工作重点是依据维修工单约定的项目逐一检查是否完成、完成的质量效果等。如果在车间检查有问题则可进行返工处理,称为内返;如果是交车后再发现问题返工,称为外返。外返最容易导致客户不满意,所以,服务顾问是维修效果检验的最后一道,要特别注意。

❽ 客户展示说明

该环节重点是向客户展示维修的成果和维修后车辆的状况,服务顾问要邀请客户一同验收车辆。在验收过程中,服务顾问要展示维修的效果,车间对客户车辆的爱惜,专业的维修技术等内容,以提升客户的满意度。

❾ 协助客户交费

客户验收车辆后,服务顾问要协助或告知客户交费的相关事宜,比如付费的方式、发票的解释、出门条开具、后续注意事项等。

❿ 完成客户档案管理

服务顾问送走客户后,要抽空完善客户的档案信息,为后续的客户关怀奠定基础。

⓫ 统计车间业务和经营指标

服务顾问要协助车间主管或服务经理完成车间业务的统计,比如进车台次、单车产值、预约车辆率等内容,通过数据的统计可以为营销和管理方向奠定基础。

⓬ 自身培养和能力提升

该环节是服务顾问提升自身能力和进行客户管理的重要环节,送走客户后,服务顾问要抽空完善本次接车的相关信息,总结本次接待的成功点和失败点,经过不断的总结,服务顾问的技能和经验会得到快速提升。

服务顾问在完成接车的整个流程中要注意流程完整性、服务意识、客户意识、质量意识、合作意识、技能熟练度、知识点全面性、营销意识与技能、效益意识、价值创造意识、自我提升意识的提升。只有这样才能更好地服务客户,促进自身职业能力的提升。

学生训练时，以"更换转向横拉杆的方案说明"为例，可按照表5-1采取任务训练的方式进行。

任 务 训 练 表　　　　　　　　　　　　　　　表5-1

任务名称	更换转向横拉杆的方案说明	
任务描述	客户反映车辆在行驶过程中出现摇摆和异响，经技师检查，是转向横拉杆球头损坏，建议更换，请制订方案并向客户说明	
任务的12个环节	完成一项接待任务大概需要12个环节，分别是：1.接车和客户接待；2.客户车辆检查；3.故障原因确认；4.客户方案说明；5.完成维修工单；6.实施故障排除；7.维修效果检验；8.客户展示说明；9.协助客户交费；10.完成客户档案和管理；11.统计车间业务和经营指标；12.个人培养和能力提升，请结合12个环节完成本次任务	
任务完成步骤	1.与客户确认任务和故障现象	（1）客户遇到的问题：车辆在行驶过程中出现摇摆和异响； （2）确认的故障描述：转向横拉杆球头损坏
	2.向客户解释故障	（1）故障可能的原因：转向横拉杆球头防尘罩损坏、润滑不良、撞击事故等； （2）故障解决的必要性：转向系统是汽车的安全保障，转向横拉杆是转向系统的关键部件，不更换会出现安全隐患
	3.向客户说明解决方案	（1）方案的内容：技师会通过试车确认故障，需要更换转向横拉杆球头，大概费用是：配件×××元，工时费×××元；需要维修的时间××小时，取车时间×××； （2）质量保障：技师是通过厂家认证的，具备较强的工作经验，会认真对待客户的车辆，配件是原厂认定的正品件

续上表

任务名称	更换转向横拉杆的方案说明	
任务完成步骤	4. 与客户沟通细节	（1）完成的时间和报价：大概费用是×××元,其中配件×××元,工时费×××元,预计维修时间是×××小时,取车时间×××； （2）客户问题的应对：能否优惠(我们的费用都是公开的)？能否加快时间(我们会尽量为您安排)
	5. 客户关怀	（1）今后使用中的注意事项：要定期来店进行维护,技师会给您进行检查,路况不好时尽量绕行或慢行； （2）客户疑问的回答：你们能确保质量吗(您放心,我们是正规4S店)
个人创造的价值（给公司、给客户）	给公司创造了利润,提升了客户满意度；给客户解决了车辆的安全隐患,客户可以放心开车	

总体来讲,用户反映的车辆问题可以分为四大类：动力总成类(发动机、变速器),例如怠速不稳/抖动、发动机故障灯亮伴随加速不畅/加速车辆顿挫、变速器3/4挡异响等；底盘类(含转向系统、制动系统),例如行驶时底部异响、转向沉重、制动时方向/车身抖动等；电器类,例如转向灯不亮、油表指示不准、车速表不动、CD机不工作等；车身类(含空调系统、刮水系统),例如行驶时车门异响、空调不制冷/异响、刮水器不工作、门锁无法锁止/打开等。用户反映的车辆问题,不同系统问诊的关键点也不同。

二 发动机项目的维修接待问诊

❶ 用户描述

发动机在水温70 ℃以下,转速低于3000r/min并在所有挡位上怠速和均匀加速时抖动、故障灯亮；当温度升高后故障消失。我是严格做定期维护,长期在中石化加油站加注92号汽油。

❷ 问诊思路

①发动机故障灯：亮☐　　不亮☐
②仪表其他指示灯：亮☐　　不亮☐

③发动机工况：怠速□　　均匀加速□　　急加速□
④故障时发动机转速：1000r/min以下□　1000~2000r/min□
　　　　　　　　　　2000~3000r/min□　3000r/min以上□
⑤挂挡行驶情况：空挡□　1挡□　2挡□　3挡□
　　　　　　　　4挡□　5挡□　所有挡位□
⑥冷机/热机：水温70℃以下□　　70~90℃□　90℃以上□
　　或者车辆行驶：15min以内□　15min以上□
⑦重新起动后的故障：故障存在□　故障消失□
⑧故障频次：一直存在□　偶尔出现□
　　定期维护情况：正常□　不正常□
⑨加油站/汽油标号：92号□　95号□　98号□
⑩驾驶习惯：正常转速换挡位□　低转速换高挡位□
⑪其他异常：_____

❸ 发动机项目问诊小结

（1）仪表灯的问询。

发动机故障灯？仪表其他指示灯？

（2）故障条件的问询。

①怠速？均匀加速/急加速？

②发动机转速大致范围（或者至少询问是低速、中速、高速）？

（3）环境条件的问询。

①冷机/热机？水温大致？

②道路情况？

③定期维护情况？

④油品情况？

三　传动系统项目的维修接待问诊

❶ 用户描述

自动变速器故障灯闪烁、水温报警灯亮。所有挡位、均匀加速时换挡冲击大，尤其1-2挡时，车辆行驶一段时间水温超过90℃后出现。

❷ 问诊思路

（1）BVA故障灯：长亮□　闪烁亮□　不亮□

(2) 仪表其他灯光:亮□　不亮□
(3) 发动机工况:均匀加速□　急加速□
(4) 使用挡位:1-2 挡□　2-3 挡□　3-4 挡□　所有挡位□
(5) 冷机/热机:水温 70℃ 以下□　70~90℃□　90℃ 以上□
(6) 道路状况:高速□　城市工况□　一般工况□
(7) 故障频次:一直存在□　偶尔出现□
(8) 其他异常:_____

❸ 传动系统项目问诊小结

(1) 仪表灯的问询。
自动变速器故障灯? 仪表其他指示灯?
(2) 故障条件的问询。
① 怠速? 均匀加速/急加速?
② 发动机转速大致范围(或者至少询问是低速、中速、高速)?
③ 变速器挡位? 换挡过程中?
(3) 环境条件的问询。
① 冷机/热机? 水温大致?
② 道路情况?
③ 定期维护情况?
④ 油品情况?

四　底盘系统项目的维修接待问诊

❶ 用户描述

车辆在市区行驶,速度在 70km/h 以下,前部右侧底部有异响。车速越高越明显,直行转弯都响,好像与加减速无关。

❷ 问诊思路

(1) 车辆静止/行驶中:车辆静止(怠速/踩加速踏板/踩离合器)□　行驶□
(2) 车速:0~20km/h□　20~50km/h□　50~90km/h□　90~120km/h□
　　　　120km/h 以上□
(3) 车辆操纵:加速□　减速□　匀速□　减速滑行□　踩离合器□
　　　　　　倒车□　换挡□　制动□
(4) 行驶方向:直行□　转弯□(左转□　右转□)　都存在□

(5)前/后:前部□　后部□　都存在□

(6)左/右:左部□　右部□　都存在□

(7)道路状况:沥青路□　水泥路□　砂石路□(路面平整□　颠簸□)

　　　　　　高速路□　城市路□　市郊路□

(8)其他异常:＿＿＿＿＿＿

❸ 底盘项目问诊小结

(1)故障条件的询问。

①车辆静止/行驶中？

②车速？

③行驶方向:直行/转弯？

④异响部位:前/后？左/右？

(2)车辆操作。

①加速/减速？

②换挡/制动/转向？

(3)环境条件的问询。

①备件状态:原车备件/原厂备件/副厂备件？

②道路状况:上坡/下坡？沥青/水泥/砂石路面？路面平整/颠簸？或者高速路/城市路/市郊路

③天气状况:晴天/雨雪天(洗车后)？

五　电气系统项目的维修接待问诊

❶ 用户描述

车辆行驶时发现左右转向灯、仪表板转向指示灯都不亮,危险警报灯也不亮,在颠簸和平坦路面都一样。

❷ 问诊思路

(1)仪表其他灯光:组合仪表转向指示灯不亮□

　　　　　　　　　组合仪表转向指示灯亮□

(2)发现故障时的车辆状态:车辆静止□　行驶□(涉及故障性质的定位)

(3)前/后:前部转向信号灯不亮□　后部转向信号灯不亮□　都不亮□

(4)左/右:左转向信号灯不亮□　右转向信号灯不亮□　都不亮□

(5)危险警报灯:正常□　不正常□(可能中心闪光器故障)

(6)道路状况:路面平整□　颠簸□(可能插接器接触故障)
(7)其他异常:＿＿＿＿＿＿＿

❸ 电气系统问诊小结

(1)仪表灯的询问。

仪表指示灯情况(有些故障不涉及)?

(2)故障条件的询问。

①车辆静止/行驶中(许多电器故障属于安全/抛锚故障)?

②故障部位?

(3)环境条件的询问。

①伴随其他现象?

②外部环境?

③是否加装其他电器附件?在哪里加装的?

应该说,电器类故障有些问题简单直观,有些问题复杂多变,并伴随其他现象。

六　事故车项目的维修接待

随着机动车保有量的增加,交通事故的发生频率也随之增多,汽车维修企业面临着对事故车辆接待的台次也逐渐增多。事故车的业务接待与传统的维修维护类业务接待有相同之处,但也有着自己的特点。

(一)事故车项目的维修接待概述

❶ 事故车辆的出险与服务顾问的沟通

由于客户对保险索赔流程了解的不同,当出险时一些客户会主动和保险公司联系,一些客户会和自己品牌的4S店联系。当客户出险后和4S店联系时,服务顾问要做好客户的安抚与引导。

单方事故时报保险公司,双方事故时先报交警再报保险公司,客户如需拖车服务,服务顾问要确定客户事故车辆所在的位置及现场人员的联系方式并及时安排拖车。

事故车进厂后,首先做车辆外检,填写车辆外观检查报告,对车辆信息、外观、受损部位、行驶里程、油表指示等进行登记。经客户同意后,陪同客户对车内及行李舱内物品确认,提醒用户将贵重物品带走,并请客户在外观检测报告上签字确认。

❷ 保险公司现场查勘与定损

客户车辆出险报保险公司后,保险公司会安排查勘人员去现场查勘。如事故车辆损坏不严重,且损坏部分较清晰,可当场定损;如损坏较严重,则要到4S店进行拆检定损。服务顾问要在事故车辆到店时做好接待,安排好相应工位,并协助客户和保险公司做好拆检定损工作。

❸ 拆检项目4S店报价

对于确定换或修的项目,服务顾问根据配件价格和工时费用向保险公司进行报价,保险公司根据报价情况进行核价并确定维修方案,服务顾问要在确保维修后不影响车辆性能的情况下向客户和保险公司作出解释,此时的服务顾问应作为第三方就车辆的换修操作对车辆性能的影响做出合理解释。

根据事故车辆实际情况确定事故车辆工时费,根据车间工作容量确定事故车交车时间,与保险公司确定最终事故车辆配件和工时费后,给客户开具估价单。事故车辆遇有残值或保险公司维修工时、配件差额有出入时,告知客户自负金额、提车注意事项及必须准备的相关理赔单据及手续(代索赔车辆),并让客户在估价单上签字。

❹ 确定维修项目和相关费用后修车

服务顾问在确定维修内容后及时将换修的零部件进行登记(纸制单证和系统),进行维修相关操作。

❺ 事故车辆的理赔

车辆维修后,根据4S店与保险公司有无合作关系引导客户进行索赔。如保险公司和4S店无合作关系,车辆维修后由客户先行垫付维修相关费用,4S店开具维修发票后客户可到保险公司进行索赔。如保险公司和4S店有合作关系,可根据相关协议规定及维修相关费用由4S店代为理赔。

❻ 事故车辆保险理赔的相关流程

出现交通事故后,首先要做的是及时报案,除了向交通管理部门报案外,还要及时向保险公司报案。一方面,让保险公司知道投保人出了交通事故;另一方面,也可以向保险公司咨询如何处理、保护现场,保险公司会指导车主向对方索要事故证明等。车主在理赔时的基本流程如下:

(1)出示保险单证;
(2)出示行驶证;

(3)出示驾驶证；

(4)出示被保险人身份证；

(5)出示保险单；

(6)填写出险报案表；

(7)详细填写出险经过；

(8)详细填写报案人、驾驶人和联系电话；

(9)检查车辆外观,拍照定损；

(10)理赔员带领车主进行车辆外观检查；

(11)根据车主填写的报案内容拍照核损；

(12)理赔员提醒车主车辆上有无贵重物品；

(13)交付维修站修理；

(14)理赔员开具任务委托单确定维修项目及维修时间；

(15)车主签字认可；

(16)车主将车辆交于维修站维修。

以上是车主和保险公司保险理赔员必须要做的。一定要注意做好前期工作,避免事后理赔时被动。

(二)4S店给客户代理理赔的流程

1 代赔流程

当车辆发生单方事故时,可以委托4S店制订一套从出险、查勘定损、事故车维修到保险代赔服务的出险流程,也称为4S店的直赔。

(1)报案。

①带保险单、行驶证、驾驶证,通知保险公司。

②查勘人员到现场后根据要求填写《车辆出险登记表》《出险通知书》。

(2)定损。

带《车辆出险登记表》通知理赔定损人员到4S店确定修理项目,定损后开具《定损单》。

(3)修车。

①把事故车和《定损单》一起交给4S店,4S店按《定损单》照单修理,并出具《提车单》,作为客户的提车证明。

②车辆维修完毕,客户凭《提车单》支付修理费后提车,并向4S店索要《修车发票》《托修单》《派工单》《材料单》(需盖4S店公章)。

(4)开具事故证明。

若事故损失不大,保险公司一般无须证明;若损失很大,索赔时,保险公司需要交通警察大队出具的《事故证明》。

(5)递交单证。

将《出险通知书》《定损单》《修车发票》《托修单》《派工单》《材料单》《事故证明》《赔款结算单》交保险公司理赔部。

(6)领取赔款。

递交索赔单证后,会收到保险公司的领取赔款通知,带身份证和《车辆出险登记表》到保险公司领取赔款。

❷ 索赔单证

(1)《出险通知书》:由保险公司提供,被保险人填写。出险车辆是单位的需要盖公章,是个人的则需要签名。

(2)《定损单》:由保险公司提供并填写,4S 店使用后交回保险公司。

(3)《修车发票》:由 4S 店提供、填写并盖发票章。

(4)《派工单》:由 4S 店提供、填写并盖章。

(5)《材料单》:由 4S 店提供、填写并盖章。

(6)《事故证明》:由客户提供。

(7)《赔款结算书》:由保险公司提供。出险车辆是单位的需盖章,是个人的则需签名。

七 维护车辆的维修接待

车辆销售给客户以后,由于每个人的驾驶习惯和每辆车的行驶条件各不相同,因此,4S 店根据用户的车辆特性、使用年限、行驶里程、配置和使用条件制定了专门的维护规范。

各品牌的车辆往往是通过自己品牌的授权服务站进行维护,用户可以得到高水平的专业化服务,从而保证车辆正常运行,延长使用寿命,同时,减少维修次数并降低使用成本。

车辆的维护包含首次维护和定期维护。

(一)维护接待概述

❶ 首次维护

首次维护是客户购车后,按规定的里程或使用时间第一次到授权服务站对车辆进行检查和调整。首次维护将对车辆的各种液位进行检查,同时,还要检验车辆是否运行正常。

根据《新车质量担保规定》,首次维护是车主享受质量担保的必要条件;质量担保期内的任何担保,车主必须出示《新车质量担保证明》和《首次维护证明》。

(1)首次维护的意义。首次维护是服务网点做好服务营销的一次重要机会,除了按维护的规定项目和规范进行操作外,还应当做好以下工作:介绍如何更好地使用车辆的各种功能;介绍本站的各种服务内容;介绍用户车辆的维护计划。

(2)首次维护的时间和里程。车辆的首次维护是根据车辆的使用时间和行驶里程确定的,不同品牌或者同一品牌装配不同发动机的车辆首次维护的时间和里程不同。如在正常使用条件下,东风雪铁龙的新车行驶了规定的里程或时间(即7500km或6个月)后应当进行首次维护;而在非正常使用条件下,建议首次维护里程减少50%,即3000~4000km或3个月(根据发动机的不同,里程和时间还会有所变化)。

非正常使用条件是指:

①用于出租车、租赁等营运性质的活动,或用于比赛竞技、表演娱乐、军事行动、被征用等用途;

②在炎热的地区行驶(温度经常超过30℃的地区);

③在寒冷的地区行驶(温度经常低于-15℃的地区);

④在充满尘土的道路或地区行驶(如施工工地、沙漠等);

⑤经常短距离行驶(发动机温度常达不到90℃);

⑥使用不符合厂家所建议的润滑油或使用质量值得怀疑的燃油。

(3)首次维护的内容。首次维护是对车辆进行检查和调整,以及对车辆的各种液位进行检查,同时,还要检验车辆是否运行正常。首次维护的基本内容见表5-2。

首次维护基本内容 表5-2

检查项目	检查目的	要点
1.液面检查	(1)发动机机油液面检查; (2)冷却液面检查; (3)动力转向液面检查; (4)制动液液面检查; (5)风窗玻璃清洗液液面检查	检查液面的高度,在确保无异常泄漏的情况下适量添加

续上表

检查项目	检查目的	要点
2.故障码读取和重新初始	使用诊断仪检查车上各系统电脑的故障记录并进行故障码删除	读取电脑记录（依装备而定）； 排除故障后删除记录； 检查记录删除结果
3.检查和调整	（1）各防尘罩的状况； （2）管路和发动机与变速器壳体的密封性和状况（发动机舱和车辆底部）； （3）轮胎状况（磨损状况、气压和拧紧力矩）	（1）检查管路时必要的操作： 管路应做适当的清洁； 摇动接头处是否松旷； 摇动固定处是否牢固。 （2）有问题的地方应立即通过服务顾问向用户指出。 （3）给压力不足的轮胎加气或压力过高的轮胎放气。 （4）按规定的拧紧力矩拧紧车轮螺栓

❷ 定期维护介绍

定期维护是客户车辆按一定的行驶间隔里程或使用间隔时间，定期到授权服务站对车辆进行检查和维护，定期维护包括更换发动机机油和机油滤清器等项目。

（1）定期维护的意义。车辆的技术性能随着行驶里程的增加以及各种环境因素的影响而发生变化，导致汽车的动力性、经济性和可靠性逐渐变差；各易损、易耗件需要更换或补充，客户通过定期到授权服务站，按标准规范地对车辆进行维护和检查，可以及时更换易损、易耗件，发现和消除早期的故障隐患，防止故障的发生或损坏的扩大，恢复车辆的性能指标，提高车辆的完好率，有效地延长汽车的使用寿命。

（2）定期维护的时间和里程。在正常使用条件下，新车行驶了规定的里程或时间（即15000km或12个月）后应当进行定期维护；而在非正常使用条件下（具体见首次维护所列的非正常使用条件），建议定期维护里程减少50%，即7500km或6个月（以先达到者为限）。

定期维护的里程以里程表的读数为准,包括首次维护的里程。例如:某首次维护里程为7500km,定期维护间隔为15000km的车辆,当车辆在7500km进行首次维护后,再行驶7500km,即里程表读数为15000km时进行第1次定期维护,以后,每行驶15000km就必须进行定期维护。

(3)定期维护的规范。在定期维护中所有车型使用统一的质量担保和维护手册,维护操作提倡两个维修工配合检查;在定期维护时,30000km维护所涉及的项目最多(除更换正时皮带),在维护中要使用定期维护表。定期维护分五大类:标准操作、一般操作、专门操作、使用年限操作、更换正时皮带操作;定期维护涉及六种油液的更换、检查,即发动机机油、变速器油、助力转向油、发动机冷却液、制动液、玻璃清洗液;在定期维护中会使用七种设备工具:冷却液检测仪、制动液检测仪、皮带张力检测仪、扭力扳手、万用表、气压表、卷尺;在定期维护中会根据维护工艺分为八大检查项目:检查或更换机油、液面检查或添加、更换易耗件、检查—调整、检查—项目、检查与删除故障记录、维护提示清零、路试。

(4)定期维护的内容。定期维护的内容因品牌差异而有所不同,基本项目见表5-3。

定期维护相关项目 表5-3

	一、车辆在举升机之外		
1	引导车辆就位	9	离合器踏板行程调整(依车型)
2	接收服务顾问的单据后进入车内	10	离合器踏板行程检查(依车型)
3	外部灯光、喇叭检查(检查指示)	11	蓄电池检查(发动机舱)
4	外部灯光、喇叭检查(开关的操作)	12	蓄电池检查(内部操作)
5	刮水检查(前后刮水片检查、喷嘴调整)	13	检查机油液位后拧松或拆下机油滤清器
6	刮水检查(开关的操作)	14	内部灯光、仪表检查、电器功能键功能检查
7	铺挂前翼子板防护罩	15	冷却液检查
8	维护提示初始化	16	用诊断仪读取删除故障

续上表

17	制动液检查	24	驻车制动检查(离地时)
18	检查转向盘高度,座椅固定及功能调节检查	25	通风管、油气分离器清洁(依车型)
19	助力转向液检查	26	拆下前/后轮胎
20	检查车门开关和安全带,润滑车门铰链	27	驾驶室空滤清洁或更换
21	补充玻璃清洗液	28	拆下(拿出)备胎
22	拧松车轮螺栓(着地时)	29	上部管路和发动机变速器密封检查
23	空气滤清器清洁或更换	30	记录检查项目
二、车辆在举升机中部			
31	检查左右前减振器密封	35	检查制动盘(鼓)、制动片(蹄)
32	检查左右制动器附近防尘套密封	36	检查前后轮胎和备胎
33	检查左右制动器附近球铰间隙(依里程)	37	检查前后轮胎
34	检查左右制动器附近制动管路	38	记录检查项目
三、车辆在举升机顶部			
39	拆下护板、机油滤清器,放发动机机油	47	安装拧紧机油滤清器(依车型)
40	排气管检查	48	修理或更换轮胎
41	下部管路和发动机变速器密封检查	49	安装拧紧放油螺塞
42	中后部管路检查	50	检查调整附件皮带
43	下部防尘套(包括转向齿条)检查	51	协助A检查
44	检查后减振器	52	安装下护板
45	下部球销间隙检查(依里程)	53	记录检查项目
46	检查后桥轴承及密封状况		

续上表

四、车辆在举升机底部			
54	安装左右车轮	60	发动机舱清洁
55	安装拧紧机滤(依车型)	61	拧紧车轮螺栓(着地,拧紧全部螺栓)
56	更换火花塞(依里程)	62	检查调整轮胎气压(着地)
57	检查调整气门间隙(依车型和里程)	63	发动机车辆配合检查
58	加注检查发动机机油	64	填写检查记录
59	检查发动机舱油水泄漏		
五、车辆保持在举升机上			
检验员抽检3项			
六、车辆离开工位			
检验员路试并检查动态仪表			

(二)快修服务

由于车辆日常主要项目就是维护,为了提高工作效率,很多厂家都推出了双人作业法的快修服务,并设立了专门的快修服务接待通道。

❶ 什么是快修服务

为了提高维修效率,缩短整体维修时间,提升服务质量,把整体维修时间(含接待、车间修理、完工检查、费用结算、交车五个步骤)能够在一个小时内完成的作业项目界定为快修服务。本着服务核心流程的系统优化,通过快速通道、熟练的双人维修技师规范操作与科学布局的工位和省力化专业设备等有效提高效率,大大缩短客户从进厂修车到结账出厂的服务时间,为客户带来车辆维修的便利性,享受快修服务的好处。

❷ 企业为什么要进行单独的快修服务

经过调查发现,一个4S店一个月77%的业务都是小修,加上常规8.3%的维修项目,占去了 85.3% 的业务。维修业务和小修项目对经销商而言尤为重要:质量担保期内用户构成目前售后服务网络主要的客户群体;质量担保期以后,服务流失率直线上升;绝大部分客户是通过维修业务形成对维修站的评价态度,质量担保期内私家车用户平均每年进站维修 2~5 次;能否通过维修业务建立客户的好感,对于保持客户而言至关重要。

在目前快节奏的工作生活中,客户非常期望能够最大限度地节省维护的等待时间,同时确保维护的质量。

基于以上分析,目前,大多数汽车品牌商都推出了自己的快修服务业务。

❸ **快修服务的目的和意义**

企业推行快修服务的目的是为了更好地规范操作,促进质量的提升;优化维修流程,促进效率的提高;合理利用资源,促进效益的增加。所有这些将给企业带来客户满意度、忠诚度、盈利能力的全面提升。

❹ **快修服务的运作**(图 5-1、图 5-2)

快修服务的运作一般配备专门的快修工位,专门的技师和专门的服务接待,而且采用双人作业法,大大提高了工作效率,缩短了客户的等待时间。

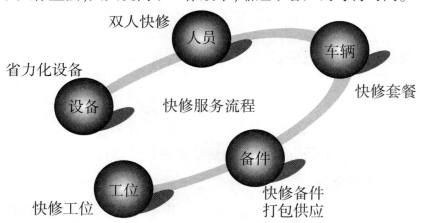

图 5-1　快修服务的运作

❺ **快修服务的服务理念**

快修服务突出了对客户的关爱和工作的精细化及效率化(图 5-3)。

快修服务突出了专业、快捷、超值的服务理念(图 5-4)。

快修服务突出了客户满意到客户忠诚的服务理念(图 5-5)。

快修服务突出了快修整体产品塑造的服务理念,更好地整合了资源(图 5-6)。

单元五　常见维修服务项目接待

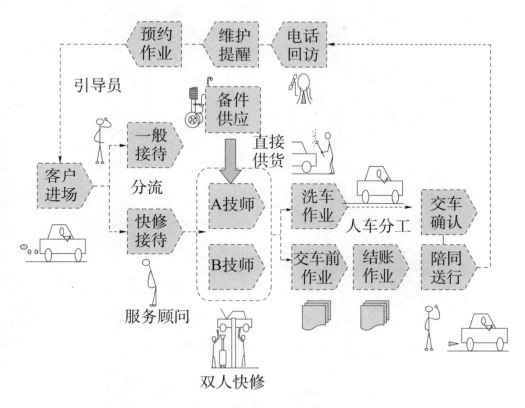

图 5-2　快修服务流程示意图

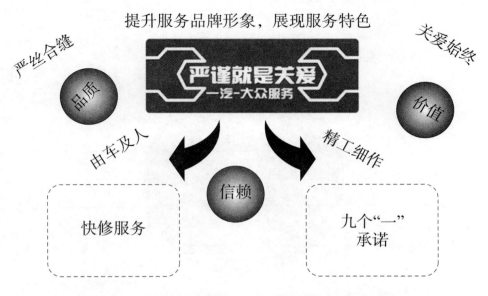

图 5-3　快修服务的关爱、精细化及效率化理念

	专业	快捷	超值
客户感受与体验	专业、可靠	安全、便利性 节省时间	物超所值
服务站的体现	服务顾问 维修技师 设备设施 科学化工位	两人操作工艺 备件打包 优化流程 快速通道	定期维护 时间承诺 质量保证 服务质量
应具备条件	商品知识 车辆养护知识 估价估时 客户应对技能 客户需求与期望	标准化作业 熟练操作 5S管理 工作素养与习惯	作业严谨 信守时间 一次修护 客户关系

图 5-4　快修服务的专业、快捷、超值理念

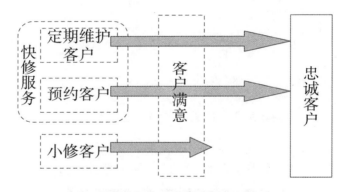

图 5-5　快修服务的满意度、忠诚度理念

图 5-6　快修服务产品

(三)快修服务流程中服务顾问的工作任务

为提高效率,很多品牌商专门设立了快修服务的服务接待岗位。下面从服务顾问的角度,简单说明快修服务的接待工作内容。

❶ 预约

预约环节分主动预约和被动预约。服务顾问的工作流程有:主动预约(接收《预约接待单》、系统录入信息、制作《维修服务单》),被动预约(接收被动预约信息、填写《预约接待单》、系统录入信息、制作《维修服务单》)。

❷ 接待

服务顾问在接待环节的工作是快修服务业务流程的具体体现,为实现客户对快修服务业务的认可及提高客户满意度奠定了基础。

(1)迎接客户,确认客户身份。

(2)环车检查,确认维护项目。

(3)填写《维修服务单》,并随车传递至车间。

(4)悬挂车顶磁贴。对于预约车辆,服务顾问将带有"预约"字样的磁贴放置于车顶。

(5)通知移车。服务顾问送客户至休息区等候;通知移车员将车辆移至快修服务的预定工位处;将《维修服务单》维修联及零件联随车传递至工位处。

(6)系统录入。服务顾问根据自留的一页《维修服务单》在系统中输入整套维护内容,待车辆维护完成后打印成《结算单》。

❸ 车间维护

维修过程中如有追加项目,车间需通知服务顾问,服务顾问要征求客户的意见并经确认后,方可对追加项目实施作业。

❹ 车辆说明及费用结算

服务顾问接到移车员移交的车辆后,对车辆的清洁程度进行检查。参照《维修服务单》对车辆维修情况进行检查,如发现有未修复项目,立即通知服务技师进行修理。

车辆经检查没问题后,服务顾问引领客户确认车辆,对照《维修服务单》对作业项目及费用进行详细说明,并向客户说明《结算单》中的费用明细,然后引领客户交费。

❺ 交车及送别客户

服务顾问安排客户付款后,针对作业及费用与客户做详细解释后在交车区完成交车,并向客户推荐下次维护日期及里程,感谢客户此次维护能够如约到店,送别客户。

一天工作结束后,服务顾问整理每位客户的《维修维护服务单》、工位联、《预约接待单》,交由客服部人员统一管理。

八 新能源汽车的维修接待

随着新能源汽车的逐渐普及,新能源汽车的维修服务接待也会逐渐增加。作为维修接待,在接触新能源汽车的接待时,要注意新能源汽车的特点。下面结合有关标准中关于新能源汽车售后服务规范,对维修接待进行简单的说明。这里只涉及纯电动汽车、插电式混合动力汽车(含增程式)。

新能源汽车售后服务是指为满足顾客对新能源汽车产品正常使用的要求,通过与客户以及所售新能源汽车产品的接触,为其提供修理和其他技术服务的过程。

(一)服务接待相关要求

服务接待主要包括进厂服务接待、预约服务接待、紧急救援服务接待,相关要求如下。

(1)服务接待员应遵守礼仪规范,主动热情,仪表端庄,语言文明,认真听取客户关于车况和售后服务要求的陈述,并做好记录。

(2)服务接待员应能及时为客户提供咨询服务。

(3)服务接待员应查验车辆相关证件,与客户一起进行环车检查,并办理交接手续。检查时,对于可能造成污损的车身部位,应铺装防护用品。

(4)客户寄存随车物品,应在车辆交接单上详细记录,并妥善保管。车辆交接单需经客户签字确认。

(5)服务接待员应安排需要等待服务车辆的客户休息。

(6)预约服务接待的,应按照客户预约要求进行接待作业。

(7)服务接待员应根据客户意愿和现场条件,合理确定服务车辆服务项目和进厂时间。经双方确认后,做好人员、场地、设备、配件准备,按时安排车辆维护或维修。

(二)接车诊断相关要求

(1)应制订接车诊断规范性文件,规定人员职责、告知事项以及接车诊断流程。

(2)按照相关技术标准、维护或维修手册规范对车辆进行诊断,并填写进厂检验单。

(3)高压系统有关检验及诊断作业,必须按照相关技术标准、维护或维修手册进行操作,作业人员正确佩戴安全防护用品,正确使用技术状况良好的工具和仪器,规范作业,全程做好防触电工作。

(4)确定维修类别和作业项目后,应向客户详细说明车辆送修状况、故障诊断情况、建议维修项目、作业内容、配件价格、维修时间和维修费用等。

(5)车辆需要解体检查或者路试的,应提前征得客户确认、签字、或有客户陪同。

(三)维护或维修作业相关要求

根据维护或维修合同确定的类别和作业项目开具施工单,施工单应详细注明作业项目、作业部位、预计完成时间和注意事项等内容,并由专业技术人员承接维护或维修车辆,相关作业要求如下。

(1)维护或维修应做好预处理工作,根据维护或维修类别及作业项目,预处理工作可以合并到接车诊断步骤中做,每辆车预处理工作至少应包括:

①检查整车有无漏液、有无漏电;

②检查动力蓄电池布局和安装位置,确认诊断接口是否牢靠;

③对动力蓄电池电压、绝缘性等参数进行检测,评估其安全状态,按维护或维修手册规范要求的断电流程进行断电;

④作业前应视情况使用防护四件套等必要的装置保护车身内外表面;

⑤触摸内饰品时,应清洁双手,不得在客户车内吸烟、使用音响及做与维护或维修无关的事。

(2)维护或维修应在专用场所实施,应按照施工单、相关技术标准、维护或维修手册进行操作,正确使用技术状况良好的工具和仪器,规范作业。

(3)高压系统作业前,要求对安全防护用品、应急设备等进行安全检查;高压系统作业人员应穿戴安全防护用品,使用具有绝缘防护的作业工具,禁止佩戴金属饰品进行作业。

(4)高压系统作业前,应悬挂安全警示牌、设置隔离栏,按维护或维修手册规范断电后应使用万用表测量整车高压回路,确保无电后方进行作业;作业完成后的通电复位也需严格执行维护或维修手册规范要求。

(5)维护或维修人员不应擅自扩大作业范围,不应以次充好换用配件。

(6)过程检验应实行自检、互检和专职检验相结合的制度,过程检验不合格的作业项目,不得进入下一道工序。

(7)服务接待员应跟踪车辆作业情况,视需向客户反馈作业进度。工期延长或项目变更时,应提前向客户解释和说明。

(8)应建立技术支持机制,对维护或维修作业中遇到的技术疑难问题作出及时响应,必要时寻求生产企业技术部门的支持,保证作业服务质量。

(9)车辆整体作业完工后将车辆停放在竣工区域。

(四)完工检验及结算交车

完工后的车辆需进行完工检验及结算交车,相关要求如下。

(1)质量检验员应核查作业项目完成情况,按相关技术标准完工检验,并填写完工检验单,完工检验参见附录 A。对完工检验不合格的项目,应填写返工单,由作业人员返工直至合格,检验不合格的车辆不得交付使用。

(2)未按合同约定交付车辆的,经营者应承担相应违约责任。

(3)检验合格的车辆,服务接待应查看外观、清理车辆、清点随车物品,应视情况对车辆进行清洁并做好交车准备。清洁应遵守电工安全操作规范,不应用水直接冲洗车辆高压系统、充电口、电器舱及散热格栅;不遗留抹布、工具;座椅位置、后视镜角度、收音机频率等归位;合适整洁干净,停放到交车区域,锁闭车门、窗。

(4)服务接待通知客户验收接车,并将作业项目、配件材料使用、更换的配件、完工检验情况以及出厂注意事项、质量保证期等内容以书面形式告知客户。

(5)服务接待应配合客户验收车辆,填写验收结算清单,引导客户办理结算手续,并指导客户正确保养和使用车辆。

(6)重要作业项目和涉及安全的项目交付时,应向客户进行性能演示,如客户提出试车要求的,应安排专人按照规范和规定路线试车,并做好记录。

(7)应严格按照公示并备案的工时定额、单价及配件价格等核定费用,出具结算清单,结算清单应将作业的材料费、工时费以及其他费用分项列出,需向客户逐项解释清单内容并由客户签字确认,客户对作业项目和费用有疑问时,应认真听取客户的意见,做出合理解释。

(8)客户完成结算手续并开具发票后,服务顾问应提醒客户下次车辆维保项目、时间或里程,并为客户办理出门手续,交付车辆钥匙、客户寄存物品、客户付费后剩余的材料等,更换下的零部件,经征求客户意见后妥善处置。

单元小结

本单元通过对发动机项目、传动系统项目、底盘系统项目、电气系统项目、事故车项目、快修服务项目的接待描述,重点探讨了在以技术为核心的服务接待中,服务顾问要重点关注12个环节,并通过提升自身的技术能力来提高预检和问诊的能力,提高一次诊断率,提升客户的满意度,同时对目前业务量较大的快修服务接待给出了详细的描述,对服务顾问的能力提升奠定了基础。

思考与练习

一、填空题

1. 发动机抖动无力故障产生的可能原因是_____,喷油嘴堵塞,火花塞、点火线圈故障,燃油压力不足。

2. 变速器漏油故障产生的原因可能是变速器输入轴_____漏油,半轴油封漏油。

3. 车辆慢速走不平路面时,转向盘下方有咯噔响,故障产生的原因是转向盘十字轴花键间隙大,更换_____即可排除。

4. 首次维护是客户购车后按规定的里程或使用时间第一次到_____对车辆进行检查和调整。

二、判断题

1. 高速行驶时转向盘发抖(时速100km/h以上,转向盘连续抖动),故障产生的可能原因是轮胎磨损不均,或者补胎后没有做动平衡。 (   )

2. 行驶过程中车辆跑偏,故障产生的可能原因是四轮定位数据不准,两边轮胎新旧不相同,两边轮胎气压不相等,底盘零件变形。 (   )

3. 为了提高维修效率,缩短整体维修时间,提升服务质量,把整体维修时间(含接待、车间修理、完工检查、费用结算、交车五个步骤)能够在一个小时内完成的作业项目界定为快修服务。 (   )

三、简答题

1. 简单列出发动机的常见故障。
2. 简单列出传动系统的常见故障。
3. 简单列出底盘系统的常见故障。
4. 简单说明快修服务接待中服务顾问的角色和主要任务。

单元六　客户关系管理

 学习目标

1. 能简单说明客户关系管理的基本概念；
2. 能简单罗列出客户关系管理的基本术语；
3. 能简单说明客户抱怨的基本概念；
4. 能说出处理客户抱怨的原则、方法；
5. 能说出客户满意度的基本概念；
6. 能说出售后服务中客户对满意度的关注要点；
7. 能利用本单元所学知识完成客户投诉的基本应对；
8. 能利用本单元所学知识提升客户满意度。

 建议课时

10课时。

一　客户关系管理概述

客户关系管理并非只是一套软件系统，而是以全员服务意识为核心贯穿于所有经营环节的一整套全面、完善的服务理念和服务体系，是一种企业文化。企业下功夫维系好了客户关系，通过客户关系管理可以提升客户的满意度，增加客户的忠诚度，同时可以带来较多的转介绍客户。

（一）客户关系管理的意义

谁维系住了客户关系，谁就维系住了财富。满意只是起步和标准，感动才是水平和能力，忠诚是汽车企业客户关系管理追求的目的。客户关系管理要使客户从满意到感动，从感动到忠诚。客户关系管理要尽可能做到全员、全过程、全方位让全体客户得到全面满意。让客户看车、买车、用车、修车、换车、等车的各个环节体验到拥有汽车的喜悦；使经销商实现销售、服务与维系的无缝连接；从而达到客户、经销商与汽车厂家的三满意。

（二）客户关系管理的概念及基本术语

客户关系管理是汽车经销店的重点工作，基本上每个经销店都设有客户服务部，服务顾问也一定要有客户及客户服务的理念。常见的基本概念如下。

❶ 客户的概念

客户本身没有一个严格的定义，对客户概念的理解更多的是一种认识和一种理念。

汽车客户关系管理中必须要先确立"客户是上帝""客户是我们的衣食父母"的工作理念。客户是公司最重要的人物，不管其亲自出面或写信来。客户不靠我们，而我们却少不了客户；客户不是打断我们工作的"讨厌鬼"，而是我们之所以孜孜努力的目的；别以为服务客户是可怜客户，而是客户见我们可怜才给予我们服务的机会；客户不是我们争辩或斗智的对象，当我们在口头上占了上风之时，那也正是失去客户之时；客户是把需求带到我们面前的人，让客户满意是我们的职责。

良好的客户关系是企业持续经营的关键。建立良好的客户关系，首先必须对企业服务的客户群进行科学、合理、有效地分类，找出服务的客户群，研究客户的心理需求，有针对性地提供高品质服务是企业最重要的基础工作。

对客户进行有效的细分，可以得到很好的管理效果。对客户细分可以采取一定的标准，可以根据时间、服务距离、车型、性别、车辆档次、维修类别、信用度、客户需求、维修项目、维修价格等将客户分为金牌、银牌、铜牌、铁牌、铅牌客户；公务车、保险事故车、私家车、出租车客户；潜在客户与现实客户；忠诚客户与挑剔的客户等不同类别。要想迅速掌握客户的细分和需求变化，必须要利用高科技的信息平台和客户资源管理平台，它将会最快速、最全面地为企业提供客户信息，帮助企业进行分析和决策。目前，企业普遍采用定制的经销商管理系统。

❷ 关系的概念

在企业的客户关系管理方面,可以把企业和客户的关系过程简化为:建立关系→维持关系→增进关系;用另外一种表述方式就是:吸引客户→留住客户→升级客户。

❸ 管理的概念

客户关系管理重在管理。通过管理方法及手段实现客户价值和企业利润最大化是管理的任务和目标。

客户信息管理的关键点是建立数据库,进行客户信息分析,得出客户价值分析报告。其价值意义在于客户信息管理是客户关系管理的基础的工作,它为经销店的销售、服务、客户维护提供了基本依据,否则就会无的放矢。

客户关系维护管理的关键点是客户关怀、客户俱乐部、投诉处理、紧急救援。其价值意义在于客户维护是创造忠诚。一个满意的客户会把其满意告诉5个朋友,一个不满意的客户会把其不满告诉10~20个亲友。如果抱怨得到快速解决,则70%~90%的客户会重复购买。

❹ 客户关系管理的基本术语

在汽车经销店的业务中,常会出现CR、CRM、CS的概念,它们的关系如下。

CR:Customer Relation——客户关系。

CRM:Customer Relation Management——客户关系管理。

CS:Customer Satisfaction——客户满意度。

CR是怎么做,CS是做的目的和结果。CR的核心就是一切工作的开展均围绕着CS的提升来做。CS提升的结果是客户忠诚度的提高,销售服务业绩持续增长。在客户关系维系上力求做到:从满意到感动,从感动到忠诚。

二 客户抱怨与投诉的应对

在售后服务过程中,由于服务人员的服务水平、车辆的维修质量或者与客户的沟通问题,常常会造成客户的抱怨和投诉。

现实工作中,服务人员要通过自己的工作,努力降低客户的不满,以免造成客户的抱怨。

(一)客户抱怨的处理

❶ 高效沟通循环

通过五个"到",达到与客户的有效沟通。

(1)问题(口到):围绕客户提问,理解客户的需求;主动帮助客户,表达你的关心;从客户方面收集有益的信息。

(2)倾听(耳到):关心、注意客户的话语;尽力理解客户的需求。

(3)观察(眼到):注意观察并尽可能地了解客户——他们的话语问题、行为动作、非言语交谈等。

(4)调整(心到):根据对客户的了解,改进工作方法和行为模式,切入客户隐性需求。

(5)建议(手到):根据了解到的情况,进一步分析客户的真正需求,然后提供建议。

❷ 多用倾听的技巧

全神贯注地聆听;给出反馈信息,让客户知道你在聆听;强调重要信息;检查你对主要问题理解的准确性;重复你不理解的问题;回答客户的所有问题;站在客户的立场考虑问题。

❸ 客户抱怨处理的技巧

当客户感到不被尊重、受到不平等待遇、面子挂不住、有被骗的感觉时,会产生强烈的抱怨。

此时,服务人员应该换一个角度来看待客户的抱怨:客户抱怨可以反映我们做得不尽理想之处;客户抱怨提供你再次服务的机会,将其不满化为满意。所以,我们应该感谢客户的抱怨。

(二)客户投诉概述

❶ 投诉的概念

客户对产品质量、维修质量、服务质量或价格等项目感到不满,要求厂家负责处理或提出相应弥补措施,或诉求其他相关单位协助安排处理的过程就是投诉。

❷ 客户投诉的意义

通过客户的投诉,可以知道产品/维修质量是否已达到客户的期望,服务作业是否符合客户的需要,客户还有什么需求被我们忽略了,并以此提升和改善产品及服务的质量。

如果客户感到不满而没有进行投诉,将是客户对商家的最大惩罚(表6-1)。所以,投诉是客户给我们的最大帮助。

客户的投诉调查分析　　　　　　　　表6-1

处 理 方 式	结　　果
不去投诉	91%不回来
投诉没有解决	81%不回来
投诉得到解决	25%不回来
投诉很快解决	85%会回来

❸ 对投诉的认知

面对客户投诉,服务顾问应争取客户的信任,赢得客户的认同,展现主动积极的服务形象,创造忠诚客户。投诉是客户的基本权利,应尊重并面对;对待客户的投诉应具备同理心,争取客人的认同与信任;投诉的最佳处理方式是争取"双赢",否则,至少让客人觉得"有得";投诉处理没有标准答案,应不断学习,才能提升处理投诉的能力。

❹ 客户投诉的类型

(1)服务人员类投诉。因服务人员未履行承诺、交车日期延误、买贵了(价格调整)、夸大产品性能、夸大保修索赔内容、服务态度不佳等,会造成客户的投诉。常见的因服务过程造成的客户投诉点如下:服务人员不诚实、服务顾问换来换去、回答客户的问题有困难、想要改变商定的价格、想要卖给客户不想要的产品、没有足够的人员接待用户、试图对免费的项目收费、没有提供承诺的配置、只有少量的方案可供选择。应对此类投诉的最好方法,就是严格执行服务流程中的工作标准。

(2)配件类投诉。因汽车配件的供应、价格、质量等原因造成的客户投诉如下。

①配件供应:在维修过程中,未能及时供应车辆所需配件。

②配件价格:客户主观认为配件价格过高或收费不合理。

③配件质量:由于配件的外观质量或耐久性等问题。

(3)售后服务类投诉。因服务质量、索赔、产品质量、维修技术等原因造成的客户投诉如下。

①服务质量:服务人员在服务客户时,未能达到客户的期望值,如服务态度不好、怠慢、轻率等。

②售后索赔:由于未明确沟通保修索赔条件等。

③产品质量:由于设计、制造或装配不良所产生的质量缺陷。
④维修技术:因维修技术欠佳,未能一次修好。

5 客户投诉的来源和渠道

(1)投诉来源。客户投诉的来源主要有五项。
①进店客户;
②电话跟踪客户;
③客户服务中心免费电话;
④社会团体或消费者协会;
⑤其他。

(2)投诉渠道。客户投诉的渠道主要有四项。
①面对面;
②客户来电;
③客户信函(书面或电子邮件);
④网络。

6 投诉客户的期望需求

客户遇到不满进行投诉时,期望能受欢迎、受重视、被理解、感觉舒适。对于投诉处理过程与结果的期望是结果公平、程序公平、互动公平。

(1)结果公平:投诉处理的结果符合期望且合理公平。
(2)程序公平:程序上符合合理程序,并顾及人情法理方面。
(3)互动公平:互动处理时具备关怀心、包容心与同理心。

7 导致客户不满的主要原因

导致客户不满的主要原因,很多时候是起因于心理层面。

(1)不被尊重:客户感觉不受尊重。
(2)不平等待遇:主要是因为有过去的经验做比较,大部分是由于价格、精神受到不平等的待遇。
(3)受骗的感觉:由于经销商有意欺瞒而导致客户的不满。
(4)历史经验的累积:从新车购入到售后服务的阶段中,累积多次不满而产生抱怨。

(三)客户投诉处理的原则和方法

1 客户投诉处理的原则

客户投诉处理的原则主要有:

(1)不回避,第一时间处理。

(2)先处理心情,再处理事情。

(3)了解客户的背景。

(4)探察投诉的原因,界定控制范围。

(5)不做过度的承诺。

(6)必要时,坚持原则。

(7)争取双赢。

(8)取得授权,必要时让上级参与,运用团队解决问题。

在上面的原则中,先处理心情,再处理事情是最重要的原则。

❷ 投诉处理的方法

投诉处理的基本方法是先处理心情,再处理事情。

(1)安抚客户情绪:真诚接待、安抚心情。

(2)积极倾听、了解客户意向:积极倾听、善用沟通技巧以探察客户意向。

(3)表现出同感心:认同客户情感,表示负责处理。

(4)准备:了解客户以往来店记录,调查产生投诉的过程,分析客户投诉产生的原因。

(5)了解客户的需求和真实意图:探寻客户的需求、了解客户投诉的真实原因、了解客户的真实意图。

(6)提出有选择的解决方案:考虑客户需求,提供合理的解决方案,不超出服务能力范围。

(7)寻求客户支持和认同:尊重客户的观点,处理问题保持中立公平,争取客户认同,改变气氛。

(8)执行商定的解决方案:明确处理方式与时限,向客户汇报处理过程,请客户验核与评价。

(9)额外的服务:额外赠送、补偿,超越客户期望值。

(10)后续跟踪:销售经理亲自跟踪,确认客户的满意程度。

(11)总结经验:总结投诉处理的经验和教训,制订预防措施。

客户异议
处理技巧

(四)投诉和异议处理技巧

处理客户投诉是一件比较麻烦的事情,要掌握一定的工作技巧。下面是一些可以参考的技巧。

隔离群众、善用提问发掘客户的不满;认真倾听并表示关怀,不要抢话并急于反驳;确认投诉内容、表示歉意,认同客户的情感;将话题引导到服务好的方面,对所陈述的事实有明显差异的,应采取否认法;在预估事情可能发生时,先给予提醒。

(五)投诉处理的禁忌

在处理投诉的过程中,有一些禁忌项。表 6-2 为常见的禁忌项及对应的正确方法。

投诉处理的禁忌项及对应的正确方法　　　　表 6-2

禁　　忌	正 确 方 法
立刻与客户讲道理	先听,后讲
急于得出结论	先解释,不要直接得出结论
一味地道歉	道歉不是办法,解决问题是关键
言行不一,缺乏诚意	说到做到
这是常有的事	不要让客户认为这是普遍性问题
你要知道,一分钱,一分货	无论什么样的客户,我们都提供同样优质的服务
绝对不可能	不要用如此武断的口气
这个我们不清楚,你去问别人吧	为了您能够得到更准确的答复,我帮您联系×××来处理好吗
这个不是我们负责的,你问别的部门吧	
公司的规定就是这样的	为了您车辆的良好使用,所以公司制定了这样的规则
信息沟通不及时	及时沟通信息
随意答复客户	确认了准确信息再回复客户

(六)投诉的预防

解决投诉最好的办法就是不让投诉发生;要比客户考虑得更周到,当察觉客户哪怕有细微的不满意时,把小小的不满意或者抱怨在萌芽状态处理掉。常见的预防措施有 4 项。

❶ 售后服务工作力争标准化并落实到位

售后服务在日常工作中要力争做到下面四点：

(1) 贯彻服务核心流程并控制关键点；

(2) 提升服务质量；

(3) 监控产品质量；

(4) 日常工作检查并改进。

❷ 设立预防投诉的措施和机制

设立预防投诉的措施和机制的要点如下：

(1) 落实首问责任制；

(2) 畅通的客户反馈/投诉渠道；

(3) 高效的投诉处理流程；

(4) 应急预案和快速反应；

(5) 定期回顾与经验总结。

❸ 落实客户关怀体系

落实客户关怀体系的要点如下：

(1) 经常与客户沟通；

(2) 定期组织客户活动；

(3) 生日、节日等问候；

(4) 客户满意度调查；

(5) 流失客户回访。

❹ 提升服务人员的能力

提升服务人员的能力要点如下：

(1) 识别客户类型、把握客户期望值；

(2) 重视客户要求、掌握客户的变化；

(3) 定期组织培训，提升员工处理抱怨/投诉的技巧和能力；

(4) 积极的态度，不逃避、不推卸、不隐瞒。

客户投诉是一份礼物，它可以让我们不断改进系统，优化流程，培训员工，评估、考核、了解客户的需求。危机发生会有事前征兆，我们应该洞察征兆，了解投诉可能会造成的危机和严重性，极力避免危机发生。掌握投诉处理的原则与技巧，以防范危机的发生。

(七)服务顾问常见的应对抱怨和投诉的处理方法

1 理解发现法

该方法的流程如图 6-1 所示。

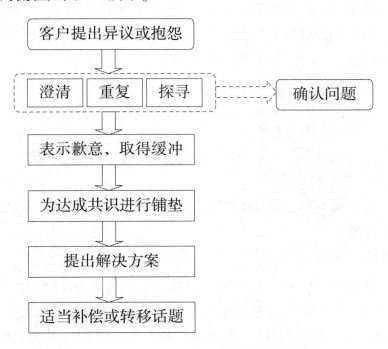

图 6-1　客户抱怨处理的理解发现法

举例如下。

客户:维修费怎么这么高?

服务顾问:费用高?您是指哪一方面?(澄清)

客户:你接车的时候告诉我大概需要 2300 元,怎么现在看来要花 3200 元?这不是骗人吗?(确认问题)

服务顾问:真是太对不起了,由于我的失误让您误会了。(表示歉意)

客户:没关系,这究竟是怎么一回事?

服务顾问:是这样的,刚才在检修的时候,又发现了一个故障,我专门和您沟通过,但是我没有把费用变化的情况和您讲清楚,真是太不好意思了。(铺垫)

客户:原来是这样,可你怎么不早点和我讲。

服务顾问:真是对不起,这是我的疏忽,您下次再来的话不会再出现类似的情况了。(服务补救)

客户:但愿如此。

服务顾问：这是我们公司的一个小礼品，请您收下，也算是我的一点小小心意。（确定或转移）

❷ 反复法

面对客户的抱怨，有些情况下可以把抱怨的理由作为进一步解释的因子。反复法处理问题简洁明快，多适合于威权型和表现型的客户。反复法的正确实施源于充分的作业前准备，当客户提出抱怨后，立即予以跟进，以快捷的方式处理客户抱怨。

举例如下。

客户：我的车怎么还没有修好？

服务顾问：正是因为这个问题，我才专门来向您解释的。（反复）

客户：是吗？（吃惊）

服务顾问：真是不好意思，刚才由于我的疏忽，作业时间延长我也没有及时和您打招呼（传递）……

❸ 反射法

反射法是指在服务过程中，当客户提出的反对意见题目太大，比较模糊，但由于某种原因，服务接待又不便询问，这时可以采用反射法。反射法是让客户对所提的问题作出进一步的解释，一方面客户的反对意见得到补充，使我们更加明白客户的真实意图，另一方面也为我们作出进一步的解释取得了缓冲的时间。

举例如下。

客户：你们的服务真是太差劲了。

服务顾问：服务不好？您是指哪些方面？

客户：刚才我在休息室等了半天也没有人招呼我……

三 客户满意度提升

客户的满意是建立在公司整体的行动中的，对售后服务而言是非常重要的一环。好的客户满意度可以带来介绍、再购及再访。而此三项正是服务顾问创造绵延不断的商机最重要的指标。因此，服务顾问如何突破传统行为，以附加价值思考模式为依归，将会是服务顾问提升客户满意度的当务之急。再者，良好的客户抱怨处理，亦有化危机为转机之妙。

根据相关调研和统计，有关客户抱怨的相关数据如下：好的服务体验客户会告诉3~4人，不好的服务体验客户会告诉12人，不好的服务体验只有4%的客户会告诉企业,一个负面印象需要 12 个正面印象才可以挽回。由此可看出客户满意度提升的重要性。

(一)客户满意度的概念

1 客户满意的概念

美国营销学会对满意的定义是:满意 = 期望 – 结果(ES – PS)。

营销大师菲利普·科特勒的观点:满意是一种感觉状态的水平,它来源于对一件商品所设想的绩效或产出与人们的期望所进行的比较。

由此可见,客户的满意只是一种感觉,这种感觉是客户的内心期望与他现实中的体验经过比较后的一种感觉(图 6-2)。而客户的内心期望是在"信息搜寻和决策过程"中形成的。对于服务的内心期望一般包括四类:理想服务(客户希望得到的服务水平,"盼望""期望"获得的服务水平);恰当服务(没有不满意的情况下可以接受的最低服务水平,是理想服务的下限);预期服务(客户实际上期望可以获得的服务水平);容忍服务(客户可以接受的最低服务标准)。根据比较结果的不同可以分为失望、满意、感动三种心理状态。

客户满意:客户的体验≥客户的期望

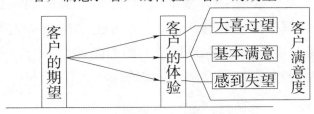

图 6-2　客户满意的概念

2 客户满意度的概念

客户满意度不是一个绝对值,而是一个相对值。它是"客户的期望"与"客户的体验"相对比的结果。客户满意度也不是一个瞬间值,而是一项需要长期进行的管理工作,它只会在踏踏实实的日常管理中不断提升。客户满意度是一种管理手段,而不是管理的终极目标。从传统角度来讲,客户满意度主要是一种事后监测的工具。但是,随着汽车市场的不断发展繁荣、竞争加剧,客户对购车和服务的期望和要求也越来越高。因此,对待客户满意度的态度也必然要发生变化:主动创造满意,更重于被动接受反馈。所以,认识客户满意,分析影响客户满意的因素将是汽车企业和汽车行业从业人员必须要面对的一个课题。

3 客户忠诚的概念

客户忠诚是从客户满意概念中引出的概念,是指客户满意后而产生的对某种产品品牌或公司的信赖、维护和希望重复购买的一种心理倾向。客户忠诚实际上是一种客户行为的持续性,客户忠诚度是指客户忠诚于企业的程度。

客户忠诚是企业取得竞争优势的源泉,因为忠诚客户趋向于购买更多的产品、对价格不太敏感,而且主动为本企业传递好的口碑、推荐新的客户。因此,拥有长期忠诚客户的企业比拥有低单位成本、高市场份额但客户流失率高的对手更有竞争优势。经销商管理系统的目的就是通过合适的客户保持战略,不断强化客户的关系持续意愿,最终建立客户忠诚,从而实现长期稳定的客户重复购买。因此,客户忠诚是企业实施经销商管理系统所追求的根本目标。

(二)客户满意度提升的措施

为什么要特别重视客户的满意度提升呢?这是因为每一个客户的获得都是有成本的,而且开发一个新客户的成本是维系一个老客户成本的6倍,因此,不重视老客户的满意度提升,企业的获客成本将会变得很大。

❶ 提升客户满意度,关键要转换观念

常见的客户服务观念有:客户第一的观念、为客户服务的观念。同时要明确服务的基本特质:服务需要透过人来提供服务,接受服务的也是人,服务业的产品兼具有形与无形,服务无法完全一致化,服务追求的是买卖双方的共同满足。为了提升客户的满意度,需要更深地理解下面的内容。

(1)理解客户满意的服务品质的十大因素。

①可靠:第一次就将服务做好。

②反应:提供服务的意愿与待命程度。

③能力:拥有执行服务所需的技术与知识。

④接近:接触客户的亲和力。

⑤礼貌:尊重、体贴、友善的业务人员。

⑥沟通:以客户能了解的语言解说,并且倾听客户的叙述。

⑦信任:信赖、相信、诚实。

⑧安全:没有危险、风险或怀疑。

⑨了解:努力了解客户的需求。

⑩有形:客户满意服务看得见。

(2)树立深得客户心的九项服务理念。

①销售的目的是让客户满意,赚钱只是客户满意后,自然发生的副产品。

②提高服务品质绝不需要增加时间成本,正确的服务策略是要把时间资源

做最有效的运用。

③业务人员愿意改变工作态度,把客户的满意当成工作守则;这是个人的责任,也是部门内全体员工的责任。

④客户要奶茶,你给他一杯咖啡,这不但没有满足客户的需求,反而浪费资源造成客户抱怨。

⑤客户服务范围的界定,是您提供最满意或超越期望服务的基础。

⑥得罪一个客户前,请先考虑其周遭的朋友所可能带给您的冲击;当客户结婚或聚会时,可能有多少位亲朋好友到场,而这个数字很可能就是你失去的客户数;反之亦同。

⑦开发一新客户比维持一个老客户通常要多花费6倍以上的时间与精力。

⑧你到餐厅用餐时,发现餐盘有裂痕,此时,你所联想到的可能不尽合理,但是几乎所有的客户都会有这种联想。

⑨客户满意指数与客户感受永远呈正比,却与客户期望值永远呈反比。

(3)树立主动工作的观念。

①主动创造满意的首要问题是要形成一种"经营客户满意"的意识。当我们提供产品和服务时,同时也经营着一种特殊的商品——客户满意。这种特殊商品的影响程度远远大于提供的产品和服务本身。海尔集团的成功,就印证了利用这种资源的无穷魅力。

②主动创造满意的关键问题是将客户的需求和期望转化为看得见、摸得着的考核指标、服务规范和行为准则等。

③"主动创造客户满意"不能仅仅停留在思想意识的层面,它必须依靠管理和流程上的制度来指导、控制、评价和跟进。

④主动创造满意需要通过"全体总动员"来实现。汽车企业应将主动创造客户满意的意识要求转化为具体的方式和手段,并为员工所接受,并在实施中充分发挥员工的积极性、创造性和主观能动性。

(4)降低客户的感知风险。

由于服务产品的特点,许多服务在购买之前客户是无法评价的。评价越困难,客户购买决策的感知风险就越大。客户能感知的风险一般包括七大类:功能风险(不满意的结果);财务风险(金钱损失、不可预期的成本);时间风险(浪费时间、时间延迟);物理风险(人身伤害、财产损害);心理风险(担忧);社会风险(其他人的想法和反应);感官风险(对五官的负面影响,如所看、所听是否舒服,异味等)。

由于这些风险的存在,客户会向可信、可靠的人际资源寻求信息,以降低自己的感知风险(这点对企业来讲非常重要,客户的评论对于后续消费者的选择很重要),企业要根据这些风险特点帮助客户规避风险。比如,企业要主动采取措施减小客户的感知风险,如宣传、参观、免费试用、资格证书陈列、实施有形证据管理、制订可建立信心和产生信任感的可视化安全程序、让客户随时可关注进度、向客户提供退款保障、履约保证等服务保障。

(5)找到提升满意度的途径。

客户为什么不满意?消费心理学有一个研究成果,客户在以下三种情况下会不满意,并由此对商家(企业)产生负面的评价。这三种情况是:"客户感到被轻视""客户感到被欺骗""客户感到被侵犯(过度推销,诱骗)"。提升客户满意度可以从减少客户不满意入手,而减少客户不满意就是尽量减少上述三种情况的发生。

那如何提升客户满意度呢?汽车售后服务中要想提升客户的满意度,可以按照以下四个重点要素和环节:提高一次诊断率(问题的识别和确认要准、快、到位);提高一次修复率(维修过程的管控要到位);收费要合理(高报低收,赠送放在后面,造成客户的心理落差);消费体验(可能比产品更有价值,要关注影响购买行为的状态、条件或者事件)。

❷ 汽车售后服务过程中影响客户满意度的指标

在汽车售后服务过程中影响客户满意度的指标有很多,这里主要说明以下八项。

(1)正确完成维修工作。该指标中客户对正确完成维修工作的评价见表6-3。

客户对正确完成维修工作的评价 表6-3

考 核 点	问 题 诊 断
故障诊断能力	服务顾问是否经过专业培训; 服务顾问是否会使用专业的设备进行诊断; 服务顾问是否能够很快找到故障
维修能力	在维修过程中操作是否熟练; 是否能选择经济、合理的维修方式
维修工作的解释	整个故障诊断维修过程是否透明,是否能让客户了解; 是否有专人为客户讲解维修的流程及可能产生的问题

（2）返修。客户对返修的考核点见表6-4。

客户对返修的考核点　　　　　　　　　　表6-4

考 核 点	问 题 诊 断
故障一次解决	车辆全部故障能顺利解决（包括已发现的问题和潜在的问题）
隐患预防	服务人员是否主动提示过客户的车辆在未来可能会出现的问题； 服务人员是否就问题产生的原因向客户做出了合理的解释； 服务人员是否就车辆维护方面的注意事项向客户进行了说明

（3）服务物有所值。客户对服务物有所值的考核点见表6-5。

客户对服务物有所值的考核点　　　　　　表6-5

考 核 点	问 题 诊 断
收费合理性	服务站所收费用是否都有可靠依据； 服务人员是否向客户详细解释了结算清单的内容，并得到了客户的认可； 是否具备舒适的环境
优惠政策	是否对于老客户给予了足够的优惠； 是否为客户提供了一些免费服务的项目
服务效率	从接待到维修的整个服务流程是否简洁明了，是否有助于提高工作效率； 人员配备是否合理
附加服务和服务的细化要求	是否在维护修理之外，为客户提供其他附加服务，如打蜡、检查胎压等； 是否对客户（尤其是老客户）的车辆了如指掌，能够根据车辆问题给予针对性的使用建议； 是否能够提供多样化、人性化服务，比如24h救援服务

(4)服务人员的友善程度。客户对服务人员友善程度的考核点见表6-6。

客户对服务人员友善程度的考核点　　　　表6-6

考 核 点	问 题 诊 断
服务主动性	客户进门是否主动问候、接待并引导; 服务人员是否主动了解客户的需求; 服务过程中是否主动与客户保持沟通、交流
言行规范性	服务人员是否使用规范的礼貌用语; 是否情绪平和,精力充沛; 是否与其他人闲聊、开玩笑或做与工作无关的事
服务一致性	任何时间、任何场合,客户每一次到店是否能得到同等接待; 新、老客户的接待是否有明显差异

(5)解释维修工作的必要性。客户对解释维修工作必要性的考核点见表6-7。

客户对解释维修工作必要性的考核点　　　　表6-7

考 核 点	问 题 诊 断
解释主动性	是否能够及时发现客户的疑虑; 是否主动向客户作出解释
解释内容的全面性	是否根据客户车辆情况详细解释了维修工作的必要性
解释内容的可信度	解释内容是否能够经得起客户的验证; 是否有专业仪器的检测结果作为依据
解释内容的针对性	解释时是否针对了客户的疑虑; 解释的内容是否得到了客户的认可和理解

(6)对客户要求的倾听与解答。客户对要求的倾听与解答的考核点见表6-8。

客户对要求的倾听与解答的考核点　　　　表6-8

考 核 点	问 题 诊 断
态度热情	是否能够热情解答客户提出的问题； 是否能够很耐心倾听客户的需求或疑问
服务主动性	是否能主动与客户交流； 是否能够询问车主需求及车况,并能够主动解释维修工作和产生故障的原因
解答专业性	是否具备专业的相关产品知识、维修技能、车辆常识； 是否能够圆满、认真解答客户疑问,解决车辆问题
及时性	对于客户的需求,是否能够及时满足

(7)对结算清单的解释工作。客户对结算清单解释工作的考核点见表6-9。

客户对结算清单解释工作的考核点　　　　表6-9

考 核 点	问 题 诊 断
态度热情	是否能够热情解答客户提出的质疑； 是否能够很耐心地解释结算清单
服务主动性	是否能主动向客户进行说明； 是否能够主动询问车主需求及车况,并能够主动解释维修工作以及费用项目
解释内容的全面性	是否逐项向客户清楚解释了结算清单中的所有工作和费用项目
维修项目合理性	维修过程中是否考虑了客户的需求,针对车辆设置了合理的项目及收费标准

(8)车辆的整洁程度。客户对车辆整洁程度的考核点见表6-10。

客户对车辆整洁程度的考核点　　　　表6-10

考 核 点	问 题 诊 断
服务人员的专业性	服务人员是否穿着已脏污的工服进入车内或坐在未罩防护套的座椅上； 维修过程中,车内是否罩好各种防护套

续上表

考 核 点	问 题 诊 断
设备齐全性	车辆清洗设备是否齐全； 是否具有适合的车辆清洗场所； 车内防护套是否配备齐全
车辆整洁程度	车辆外部是否有污渍、油渍； 外部是否有在维修、清洗过程中服务人员造成的损坏； 服务人员在维修后是否在客户在场时主动取走防护四件套

以上为汽车售后服务过程中的客户满意度常见指标分析。在实际工作中，对照这些指标去执行，从小事做起，从细节出发，客户满意度就会逐步得到提升。

客户关系管理加上客户满意度的理念和服务流程与标准即可较好地提升客户满意度。客户关系管理的目的也是为了提高客户满意度，目前，各个品牌的汽车主机厂都有自己的汽车服务流程和执行标准，按照流程和标准执行可以很好地提高客户满意度。在执行的过程中，要注重标准和流程，流程改善抓住重点——补齐短板，实施要重点清晰，关键要找到企业短板（图6-3），找到影响客户满意度的关键因素。

图6-3 客户满意度管理的短板理论

本单元通过对客户投诉和客户满意度的描述，给出了客户投诉和客户满意度领域中的常用概念和术语，结合售后服务领域的客户投诉给出了具体的建议

和应对方法及分析,同时,从客户的角度给出了服务顾问应对的建议。对于客户满意度的提升重点从客户的角度给出了八个方面的建议,对于售后服务中提升客户满意度有具体的参考意义。

一、填空题

1. 客户关系管理应该是以_____为中心的关系营销的延伸。

2. 客户管理与客户关系管理的区别:客户管理更多的是_____的管理;客户关系管理更多的是强调_____,更多的是提高客户的满意度,进而促进销售。

3. 良好的_____是企业持续经营的关键。

4. 客户对产品质量、维修品质、服务质量或价格等项目感到不满抱怨,要求厂家负责处理或提出相应弥补措施,或诉求其他相关单位协助安排处理的过程就是_____。

二、判断题

1. 谁维系住了客户关系,谁就维系住了财富。　　　　　　　　(　　)

2. 满意只是起步和标准,感动才是水平和能力,忠诚是汽车企业客户关系管理追求的目的。　　　　　　　　　　　　　　　　　　　(　　)

3. 所谓目标客户群,是指给企业提供80%利润的20%的金牌客户群。对于金牌客户群,必须要给其提供个性化、差异化、全方位、全过程的优质服务。
　　　　　　　　　　　　　　　　　　　　　　　　　　　　(　　)

4. 客户满意度不是一个绝对值,而是一个相对值。它是"客户的期望"与"客户的体验"相对比的结果。　　　　　　　　　　　　　　　(　　)

三、简答题

1. 简单列出客户投诉的处理原则。

2. 简单列出服务顾问应对客户抱怨的处理方法。

3. 简单列出客户对售后满意度的八个关注领域的考核要点。

单元七　维修服务接待的商业素养提升与职业发展

学习目标

1. 能简单描述消费者心理的 5 个常见偏好；
2. 能简单说明消费者行为的 5 个常见偏好；
3. 能简单描述关于消费者的 3 个经济学概念；
4. 能初步应用消费心理和消费行为及经济行为的知识提升维修服务接待能力；
5. 能说出职业规划的基本概念；
6. 能说出服务顾问的职业发展途径。

建议课时

8 课时。

一　维修服务接待的商业素养提升

维修服务接待岗位是一个综合性的岗位,服务顾问除了需要了解车辆知识外,更多的还需要与人打交道,又因为是企业岗位,所以也需要知道一些商业的基本常识。基于此,本单元内容是在服务顾问学完了维修服务接待的基本内容,对岗位有较好认知的基础上,需要进行职业素养和职业技能提升时所需要的一些核心知识。

单元七 维修服务接待的商业素养提升与职业发展

（一）消费心理知识

1 心理钱包的概念

你遇到过这样的客户吗？你满怀激情的与其聊了很久，介绍了半天产品，客户也确实很心动，似乎觉得什么都好，但最后就是觉得太贵了呢？真的是因为客户"小气"吗？你可能会发现，客户的包，客户的表都很奢华。小气和大方是相对的，那有没有什么办法可以让这些所谓"小气"的客户变得"大方"呢？这个世界上，其实没有所谓绝对的小气，也没有所谓绝对的大方，只是一个人对一个商品价值的判断不同，有可能会在这件商品上非常小气，可是在其他很多商品上却非常大方，为什么会这样？那是因为钱这个东西，在我们心里面其实并不是统一存放的，我们是把钱分门别类地存在不同的心理账户里面。

这里面就有一个消费心理的概念叫心理钱包。心理钱包是指人们会把钱分门别类地存在不同的心理钱包里面。这个钱包是一个虚拟的钱包，也就是一个人会把自己的钱划分为不同的用途。比如说，生活必要的开支钱包，家庭建设和个人发展钱包，情感维系钱包，享乐休闲钱包等。虽然这些钱包都是在一个大钱包之下，但其实在人的心里各个子钱包都是独立存在的，如图7-1所示。

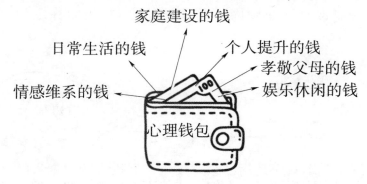

图7-1　心理钱包

比如，某人听音乐会前，丢失了200元钱。当丢失的是价值200元的公交卡时，大多数人会选择继续前往观看；当丢失的是打算用来购买音乐会门票的200元时，大多数人选择不去看了。同样是200元，由于赋予了不同的用途（心理钱包），人们的感觉是不一样的。

知道了这个知识有什么用呢？比如多花200元更换一个能进行空气净化的空调滤芯，可以给家人带来健康时，这200元就会觉得值，因为，在家人健康方面的投入，人们是不会吝惜的，也就是把200元转换成家人健康投资的心理钱包里，就不会心疼去换一个200元的带有空气净化的空调滤芯了。

由此，我们知道，由于心理钱包的存在，就是每一个人其实把同样的钱在心里面，分门别类地存在了不同的"钱包"里。要改变客户对商品的认知，让其从不愿意花钱的心理钱包，转移到愿意为此付钱的那个心理钱包里面去，这个时候，你就会发现，可能曾经很小气的客户变得非常大方起来。客户其实并不真的是小气，而是你的这个商品并不在其愿意为此付费的那个心理钱包里面。

❷ 沉没成本效应的概念

每个人可能都有去买东西，然后讨价还价的一种经历。比如说，今天你去逛街，在一家服装店里面看见一件非常漂亮的衣服，很想买，跟这个店主讨价还价好半天，可是这个店主就是不愿意把价格让下来。这个时候你应该怎么办呢？

你假装说我不要了，然后掉头就走吗？你很有可能发现，这个店主根本就不搭理你，你走就走了。到底什么才是正确的方法？除了掉头就走，其实你还有一种策略可以尝试，这种策略背后的知识就是沉没成本。

什么是沉没成本呢？人们在决定是否做一件事情的时候，不仅仅是看这件事情未来对他是不是有好处，同时，也会注意自己是不是已经在这件事情上有过投入。这是一种非常有趣而顽固的非理性的心理，我们称之为沉没成本效应（图7-2）。

沉没成本效应是指已经有投入，但投入的对未来已经没有产出或帮助了，人们还依然不愿意放弃的心理偏见

图 7-2　沉没成本

单元七　维修服务接待的商业素养提升与职业发展

这种效应每天都在我们身边发生。比如说,你花了50元钱买了一张电影票,在电影院看了一会儿之后发现电影不好看。这个时候,你会选择继续看下去,还是站起来就走呢?据调查,绝大部分人都会选择继续看下去,他们可能会一边玩着手机,都要一边坚持把电影看完,不想浪费掉那已经花出去的投资。实际上,既然电影已经不好看了,我们就应该果断的离开,以免投入更多的时间,这实际上也是一种浪费。那为什么很多人还会选择继续看下去呢?这就是沉没成本效应在作怪。

换一个角度思考一下,这种有趣而顽固的沉没成本的心理,在商业的世界里也会给我们带来一些机会。

比如买衣服讨价还价。买衣服时,你可以在店里反复挑选、试穿,不停地跟店员沟通。由于店员在你身上花费了大量的精力,为了不让这部分沉没成本损失掉,可能会给你更多的优惠。这就是沉没成本效应在店员身上发挥了作用。

再比如一些商业机构,在客户稍微有一点购买欲时,就会想方设法收客户一点点定金,可能1万元的东西只收500元定金。当客户回到家里,购买的冲动消失,为了不损失500元的定金,很有可能就会购买这个商品。再比如购买车子时,销售人员会陪你花很多时间观看、试车,并收取一部分预付款,这其实也无形中给客户制造了沉没成本效应。

对于沉没成本,我们要认清其没有好坏的区别,可以把它叫作既定成本,或者是已经发生的花费。因为这种心态的顽固性,可以有目的性地制造对方的沉没成本,有利于提高交易的成功率。反过来说,如果真的能够克服这种沉没成本所带来的心理偏见,不被这种情绪所左右,将有可能做出更加理性的商业判断。

❸ 比例偏见效应

某商场卖一个1000元的锅,为了促进销量,打算送一个价值50元的勺子给客户,商家本来满心以为客户会很感激,并且大大地增加这个锅的销量,可是发现顾客并不在意,为什么会这样呢?是因为送的太少吗?其实不是,送的可能并不少,只是让客户感觉送的太少了。在大多数客户心目中,1000元才送50元,折合比例才5%,不算什么。虽然商家觉得很心疼,但客户会觉得没诚意,这是因为消费者心目中有一个非常重要的价值判断逻辑,也就是会有一个参照的点,并潜意识里有一个对比,看的是相对值而不是绝对值。这种心理偏见我们称之为比例偏见。

比如,同一款闹钟,A商店卖100元,B商店卖60元,很多人会选择花10分钟的时间,从A商店到B商店去购买闹钟,来节省这40元。同一款名表,C商店卖 6600 元，D 商店卖 6550 元，同样 10 分钟的路程，而且可以省 50 元，但很多人仍然会在 C 商店购买名表。

由此可以看到，比例偏见是指在很多场合，本来应该考虑数值本身的变化，但是人们更加倾向于考虑比例或者倍率的变化，也就是说人们对比例的感知比对数值本身的感知更加敏感。

在商业场景中，商家会利用消费心理学里面的这个比例偏见的逻辑，来销售商品。

（1）利用比例偏见做换购。比如商场出售一口锅，卖 1000 元，打算送 50 元的勺，就可以试着把这个赠送 50 元的勺，换成另外一种换购的逻辑（图 7-3）。你可以说，买这个 1000 元的锅，只要加 1 块钱，就可以得到价值 50 元的勺子，这个逻辑看似跟前面没有特别大本质的变化，但在消费者心中却把这个比例，翻天覆地的改变了。

图 7-3　比例偏见

在第一种情况，消费者会拿 50 元的勺子和 1000 元的锅去对比，觉得优惠的比率是 5%。在第二种情况，用 1 块钱来换购，消费者会有一种用 1 元钱买到 50 元的商品的倍率感，会觉得特别的划算。这也能说明为什么很多的商场都非常热衷于搞换购活动了，其实就是抓住了消费者的比例偏见心理。

（2）利用比例偏见做比较。比如说，你是个卖电脑的，你想把一个 4G 的内存条，单独卖给顾客 200 元，客户可能买，也可能不买。但如果你告诉客户一个 4G 内存的电脑，在你这儿卖 4800 块钱，可是一个 8G 内存的电脑，却只需要卖 5000 块钱的时候，客户可能觉得，哇哦，这个电脑性能高了一倍，可是只需要多加 200 块钱而已，特别地划算。这个时候，虽然都只是 4G 内存 200 块的一个大小的差异，却给客户完全不一样的感觉，这就是利用了比例偏见的逻辑。

再比如两家网店卖同一款平板电脑，定价都是 699 元。但 A 家标价 749 元，B 家标价 699 元，猜测谁的销量高？实际上，A 家的销量远大于 B 家。这是为什么呢？虽然是同一款平板电脑，产品质量都是一样的，也没有任何赠送，加价换购别的东西之类的。秘密在于销售的策略不通。点开 A 家的链接后可以发现，在 A 家购买后会返还 50 元给顾客。当在 A 家购买后，收到的包裹里面有张纸，写的是"给好评，返还 50"。为了这 50 元，几乎所有顾客都会去写好评，进而产品评价全部 5 星好评。新顾客选商品的时候也就更倾向于好评而购买 A 家。

由此，可以看到，比例偏见效应可以在商业中有很多应用。促销时，价格低的商品用打折的方式，可以让消费者感到更多的优惠感，而价格高的商品，可以用降价的方式让消费者感到优惠。用换购的方式，让消费者在心理上把注意力放在价钱变化比例很大的小商品上，这样会产生很划算的感觉。把廉价的配置品，搭配在一个非常贵的东西上面一起卖，那相对于单独卖这个廉价商品，会更容易让消费者感到价值感。

❹ 损失规避效应

假设你是一位家具商场的负责人，因为物流成本的上升，你决定以后不再给客户做免费的配送了，每件家具收 20 元的配送费，这势必会导致消费者的不满。如果在这 20 元必须收的前提之下，有什么样的方法才能让消费者理解并且接受你的做法呢？

试着站在消费者的角度去思考，真的觉得这 20 块钱收的不合理吗？消费者之所以这么抗拒，其实仅仅是因为对这种突如其来的损失的本能的规避（内心期望购买家具应该免费送货）。

什么叫损失规避呢？举个例子，假设你在上班的路上捡到 100 元钱，可是刚要高兴，这 100 元钱立刻被风卷走了。试想，你先捡了 100 元，后来又丢了 100 元，快乐和懊恼应该正好相互抵消，你似乎应该回到没有捡到钱之前的那个平静的状态，不一定有坏心情才对。可是，大部分人在这个时候一天的心情都不会太好。这种源自于演化的自我保护的一种心理，在今天的商业社会里面，产生了非常多有趣的现象。这就是损失带给人的感觉要远大于得到带来的感觉，于是人们就会产生损失规避的偏见。

得到的快乐其实并没有办法缓解失去的痛苦，心理学家把这种对损失更加敏感的底层心理状态叫作损失规避（图 7-4）。这种损失所带来的负效用是同样收益所带来的正效用的 2.5 倍。

生活中有很多损失规避的例子，比如老人家想赶走来公共草地上玩耍的小孩子们，于是第一天给小孩子们 10 块钱，第二天给小孩子们 5 块钱，第三天给小孩子们 1 块钱。第三天小孩子们虽然能得到 1 块钱，但相比第一天，被拿走 9 块钱的痛苦要远远大于拿到 10 块钱的快乐,于是小孩子们再也不来草地上玩耍了。于是老人家达到了自己的目的。

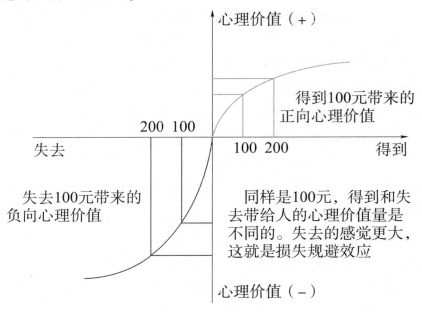

图 7-4　损失规避

商业中,也可以有很多应用。比如,家具商场要收取 20 元的配送费,直接收取会触发消费者对于损失的厌恶心理,可以换种做法,将 20 元的配送费增加到产品的价格中,如果不需要配送,还可以便宜 20 元,这样消费者就不会不开心了。再比如,消费者买家具时,会担心坏了怎么办。可以换种做法,提供 7 天无理由退换,消费者购买回家后,如果不是因为商品质量有问题,来退货的人是寥寥无几的。再比如,消费者很喜欢你们的沙发,想要买,但是家里已经有了一个,丢掉太浪费了。你可以提出以旧换新的服务,旧沙发抵值 800 元,这比你直接在沙发上打 800 块钱的折扣,对消费者来说更有诱惑。

由此,我们可以得到启发:用换购(以旧换新)的方法来替代打折的方式,用获得的表述框架来替代损失的表述框架,可以降低消费者的不满,从而提升销量。

5 价格锚点效应

假设商家有两款净水器,一款价格 1399 元,一款价格 2288 元,你很想推荐 2288 元的那款给客户,可是发现大多数人都会买便宜的,为什么会这样呢?怎么做才能让用户选择 2288 元的那款呢?

可能有的人会觉得,这很简单啊,你讲清楚 2288 元那款好在哪里不就完了吗?可是一个产品有多好,这个所谓的好值多少钱,是很难从理性的角度去判断的。从理性的角度来说,客户如果知道这个商品的合理的成本、合理的利润以及市场上同类商品的价格,也许才能做出一个理性的价格判断。但是,其实对大量的商品来说,消费者是很难找到一个所谓的合理的价格,因为这个所谓的合理价格,它不是由成本来决定的,它是根据消费者对这个商品的价格感知来决定的。

所以,如果你决定要推荐2288元的产品,你就必须让消费者感知到它相对于别的选择的超长价值。如何来做呢?这里有一个重要的商业逻辑知识,叫价格锚点。

价格锚点知识认为消费者在对产品价格并不确定的时候,会采取两种非常重要的原则,来判断这个产品的价格是否合适。一个原则是避免极端;另一个是权衡对比。

原来只有1399元和2288元两款净水器的时候,大家都买1399元的那款,而你特别想卖2288元那款。最简单的办法是,让产品部门再去生产一款4399元的净水器。这时候,你就会发现2288元的版本会卖得比以前好很多,这里的4399元的净水器其实就是价格锚点,目的不是销售,而是用来促进2288元的净水器销售。

再比如,假如你有个体检的产品是600元,如果你这样说:"您一年愿意花6000元的价格来保养您的汽车,为什么却不愿意花600元来保养您自己呢"?很可能会打动很多人。这会让客户觉得,我花6000块钱保养车子,难道人还不如车子吗?这时候,600块钱的体检方案,价值感就会非常明显。

由此,利用价格锚点效应时有两个原则:一是避免极端,就是在有3个或者更多选择的时候,很多人不会选择最低或者最高的版本,而更倾向于选择中间的那个商品。二是权衡对比,当消费者无从判断价值是高还是低的时候,他会去选择一些他认为同类的商品去做对比,让自己有一个可衡量的标准。

消费者其实并不真的是为商品的成本付费,而是为商品的价值感而付费。价格锚点的逻辑,就是让消费者有一个可对比的价格感知。

在谈判的场合,也有很多价格锚点效应的存在。比如有两个人在交易二手车,卖方先开出了一个比较高的价格,买家肯定会问自己"为什么他要价这么高?"然后会下意识地去看这辆车的优点。比如看起来还很新啊,牌子我也很喜欢,又是低耗油车之类的。最后,这个价格就抬高了。但是如果是买家先出价呢,价格肯定比较低,那卖家也会问自己"凭什么他出价这么低",他就会自动关注车上不好的地方,比如有划痕啊,里程数跑得太多,有股旧车的味道等,价格就被压低了。所以,只要是需要谈判的场合,都可以先下手,千万别客气。

客户要的不是实际的便宜,而是感觉上自己占了便宜。这种事例在日常生活中随处可见,女士们经常买回很多以后从来不会穿的衣服,因为什么呢?就是因为大折扣:"原来3000,这次打两折,只要600元,多便宜啊!"

买饮料时经常遇到大杯,中杯,小杯问题,很多人都会选购买中杯,很多人以为这是自我选择的结果,其实这是商家应用了价格锚定(图7-5)。比如星巴克为何坚持叫"中杯,大杯,特大杯",而不愿意叫"小杯,中杯,大杯"呢?这里的"大"就是一种锚定。

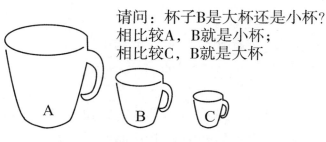

图7-5　锚定效应

(二)消费行为知识

人们在很多情况下,并不是那么理性。只是有限的理性,这就产生了不同的非理性消费行为。

❶ 结果偏见的非理性

我们看到一个人获得了成功,往往就会立刻认为他过去所有的行为都是那么地有道理,可成功者自认为的那个经验,也很有可能是他没有获得更大成功的绊脚石。

比如一个销售团队月底发奖金。平常自由散漫的销售 A 业绩特别好,平常打法凌厉、很有章法的销售 B 业绩很不好,业绩奖金当然发 A,但最佳员工奖会发给谁?

如果只看结果,那么应该发给 A(这就是结果偏见)。但是调查后发现,A 的做法很危险,只有 20% 的成功率,B 的做法很严谨,有 80% 的成功率。正确做法:克制自己的结果偏见,给经验可供推广的 B 发最佳员工奖。

现实中要分清楚哪些是努力,哪些是运气,因为瞎猫也会碰着死耗子,而瞎猫一辈子能碰到几次死耗子呢?结果偏见的例子在商业的世界里随处可见。当某家公司如日中天的时候,你觉得公司做什么都是对的,公司的每一个员工都值得"哇",公司在任何一个公开场合分享的观点都值得仔细研究。公司招人的七大法则、开发软件的六大工序,甚至公司对未来世界的 4 个判断,在结果偏见的心态下,你都会觉得如醍醐灌顶。最后,自己死在了这种因果错乱的学习当中。

比如,一个人上小学的时候数学不好,考试成绩常常在六七十分,八十多分就算好成绩了。有一次例外,其考试时认真、仔细,结果考了 97 分,是全班第二名。老师发试卷时从第一名开始念名字,学生上讲台从老师手里接过考卷,当老师念第二名的名字时,就听到很多人轻声惊呼,然后是"她一定是抄别人的"的议论,议论声音虽不是特别大,但是足以让老师听见,老师什么都没有做,表情严肃地把考卷递给了这位同学,然后继续念下一名的名字。可想而知,这位同学当时的心情有多糟。这导致了这位同学失去了上数学课的兴趣和努力的动力。这就是可怕的结果偏见!

❷ **适应性偏见的非理性**

很多人新买的手机、电脑,如果不小心摔了一下,可能会心疼半天,但是用久了之后,摔了一下也没啥反应,捡起来擦一擦、继续使用。为什么会这样呢?这里面就是适应性偏见。适应性偏见也就是习以为常,人们对已经拥有的喜悦感会逐渐减弱。

假如,有一个员工,最近几个月工作非常出色,带领团队拿下了一个大单大业务,给公司创造了不小的利润,而且其工作方法也非常值得向其他员工推荐。这个时候,公司准备好好地奖励这名员工,但到底是给其涨工资呢?还是给其发奖金呢?这是一个常见的场景(图7-6)。可能你会觉得,员工这么出色,当然是涨工资以表示公司对其认可了。注意,这个时候,你必须非常谨慎,涨工资的方式也许并不是最适合的方式。正确的做法,应该是为突出的业绩发奖金。工资是每月定时就会有且长久等量,很容易产生"适应性"。记住,工资,从来都不应该作为一种激励手段。工资是用来支付给责任的,责任越大,工资越高。涨工资,是因为承担了更大的责任。发奖金,才是用来奖励突出的业绩。

图7-6 适应性偏见

入芝兰之室,久而不闻其香,入鲍鱼之肆,久而不闻其臭,这就是我们常说的"习以为常"。这种适应性偏见,无处不在。如何克服适应性偏见呢?可以尝试以下三个方法:

通过阶段性给予的方式,延长客户的幸福感;通过不断提供变化的刺激,给客户意外的幸福感;善用相互比较,让用户获得对比带来的幸福感。

大奖励要有规律,小惊喜则可以出其不意,制造更多幸福感。

❸ 成就感效应

20世纪50年代,某家食品公司发现其蛋糕粉一直卖得不好。研发人员对配方不停地改进,但用户就是不买账。这问题难倒了食品公司。最终,美国一位心理学家发现,蛋糕粉滞销的真正原因是这种预制蛋糕粉的配方配料太齐了,家庭主妇们损失了"亲手做的"那种感觉。

这位心理学家提出:把蛋糕粉里的蛋黄去掉。虽然这为烘焙增加了一定难度,但家庭主妇们觉得,这样做出来的蛋糕,才算是她"亲手做的",很有成就感。随后,蛋糕粉的销量获得了快速增长。后来,一位大婶受到启发,提出了一个"70/30法则":如果你使用70%的成品(比如蛋糕粉)和30%的个人添加物(比如鸡蛋),你就能用最少的劳动,把工业化的"食品"变成个性化的"美食"。

成就感效应是源于消费者的一种行为特征:我们对于一个物品付出的劳动或者情感越多,就越容易高估该物品的价值。为什么会这样?心理学家认为,我们对某一事物付出的努力不仅给事物本身带来了变化,也改变了自己对这一事物的评价,付出的劳动越多,产生的依恋越深。

这种现象,同样也出现在宜家的身上。人们热衷于购买宜家的半成品家具,回家自己组装,也被很多人称为:宜家效应。

成就感效应有两个使用方法。

(1)让用户有参与感。小米就是一个经典的案例,让早期用户参与小米手机操作系统MIUI的功能和体验设计,获得一批忠实的种子用户,成为扩散的起点。另一个案例是苹果的iPad。苹果公司提供一项免费的服务:激光镌刻。消费者可以自己构思和创作一段文字,苹果公司快速进行激光镌刻后发货,增加消费者的参与感。

(2)让用户付出劳动。浙江有一个烘焙零售业的民企老板,开了几百家连锁店。他的门店里面,有着一张巨大的操作台,一排椅子。这个老板说,顾客可在这里动手,自己制作蛋糕,然后再花钱,买走自己做的作品。据说这项DIY业务的毛利颇高,高过门店卖成品蛋糕。

在管理中,这个知识也很有用。比如,与一线员工息息相关的事情,开会时可以让他们发表意见,最终综合大家的意见形成决议,这样的决议执行起来要比自上而下的命令要好得多。究其原因,是员工在参与和付出过程中,彰显了自身的价值。

❹ 概率偏见

某大学有18个系,每年要以抽签方式决定一些场地的优先使用权。心理学系制作了18张抽签纸,让其他系先抽,自己最后抽。结果连续8年,心理学系抽到的顺序不是第1、就是第2。其他系很不解,但鉴于抽签的公正性,大家也说不出什么。按概率讲,随机抽签,大家机会应该是一样的,为什么心理学系每次都能抽到优先权呢?其实,心理学系是有策略的。由于抽签是心理学系制作和安排的,他们每次就把第1、第2放在18张抽签纸的第1张和最后1张,利用大家"不会这么巧,正好在第1张吧"的偏见,把这两张留到最后,最后,心理学系就如愿以偿地获得了第1或第2的优先权。从这个故事中我们可以看出,人们有以偏概全、眼见为实、先入为主的偏见(图7-7)。

以偏概全、眼见为实、
先入为主的偏见

图7-7 概率偏见

什么是概率偏见呢?生活中,我们的直觉和客观概率常常是不相符的。行为经济学家把人类自以为的概率,称之为心理概率。心理概率和客观概率的不吻合,就叫作概率偏见。概论偏见存在的原因主要如下。

(1)以偏概全。比如,你发现几个好朋友都是双鱼座的,就会觉得,我和双鱼座比较合得来。这就是以偏概全。

(2)眼见为实。比如,如果飞机失事,必然会引起关注,这时,你多半会觉得飞机很危险。但事实上,论每公里死亡率,坐飞机比坐汽车安全22倍。

(3)先入为主。第一印象,会导致你对一些人的喜好的判断,对一些事的好坏的判断,脱离现实,甚至不可撼动。

以偏概全、眼见为实、先入为主在演化过程中的确帮助了人类很多，但在当下看，它们则会成为我们的偏见，如何克服这些偏见，以便做出更正确的商业决策呢？首先，要学好数学，尤其是概率与统计，对有办法验证客观概率的，求助数学，不要依靠主观判断。其次，对没有办法验证客观概率的，也不要过于相信自己的主观直觉，可以多问问专业顾问，或者身边更多朋友的建议，用他们的人生经历，对冲你的先入为主。

利用概率偏见这个知识，可以在商业上有很多做法，比如，给顾客体验产品时可以先介绍几款最拳头的产品让客户体验，给客户建立良好第一印象，一段时间后客户会认为你所生产的产品肯定是一流的。在商务谈判上也可以利用这种心态，谈判人员始终保持专业的形象，获得顾客的好感，带客户去比较好的场地参观，则客户就会认为公司所有项目均能很好地履行。

5 炫耀性购买效应

炫耀性购买是指消费者购买某些商品的目的，并不仅仅是为了获得直接的物质满足和享受，更大程度上是为了获得心理上的满足。这就出现了一种奇特的经济现象，即一些商品价格定得越高，就越能受到消费者的青睐。这种现象被称为炫耀性购买效应。

炫耀性购买效应是一种"炫耀性消费"心理导致的，东西越贵，越好卖的现象。运用该效应时要注意，贵不是目的，能让消费者恰到好处地炫耀，不露声色地达到炫耀的目的才是核心。做到了这一点，商品就能越贵，越有人买。

贵不是目的，能炫耀才是。贵，但不能炫耀，是不会有人买的。所以，贵的东西，必须能做到让外人一看，就知道这东西贵。比如、LV 的包，Burberry 的围巾，有了这些经典的标志，别人才知道我买了大牌。我们不提倡炫耀，但生活中却存在着这种现象。

当一个人的财富远远高于一般消费水平时，买什么东西不重要了，关键得体现出优越性，就是我有你没有。比如买奢侈品，买豪车，甚至买好多辆豪车，价钱不重要，最好是全球限量版，越贵越好。这种炫耀性消费效应，会导致买贵的。但买贵的，不一定就是因为炫耀性消费效应。一般有钱的人才买 LV 炫耀，更有钱的人不需要通过这种方式了，他们喜欢定制家族标志或者没有商标的衣服。最有钱的人，大家都知道他有钱，全年只穿一套衣服，比如比尔·盖茨，比如扎克伯格，就不需要炫耀了。

需要说明的是，我们不提倡奢侈和炫耀性消费，上面的内容仅仅是为了说明生活中的一些现象，知道了炫耀消费效应，可以帮助我们更好地和客户进行沟通。

单元七 维修服务接待的商业素养提升与职业发展

(三)经济学基本知识

❶ 价格是由供需决定的

商品的价格是由什么决定的?商品是如何定价的?根据经济学的基本假设,人是理性的,会根据所掌握的信息进行权衡取舍,最后做出让自己获益最大化的决策和行为。

经济是由若干交易组成的,交易就会涉及买者和卖者。买卖双方根据市场情况进行权衡取舍,进而表现为意愿和能力两个要素,也就是购买意愿和购买能力、供给意愿和供给能力。

所以,价格一定是双方最后协商都同意的才会是最终成交价格。这个价格不取决于双方的意愿,因为从意愿上讲,买者肯定会希望价格越低越好,卖者肯定会希望价格越高越好,这样才能符合双方了的利益最大化诉求。而双方的协商前提就是买方有需求,供方有供给,并且取决于供需的对比,买的多,供的少,价格自然就高,买的少,供的多,价格自然就低。这非常符合人们的决策常识,也就是商品的价格是有供需的关系决定的。物以稀为贵是有道理的。

对于供方来讲,如何才能提升自己商品或服务的价格呢?其基本出发点就是要提供有需求但稀缺的产品或服务或者提供稀缺的能力或方法。供需理论是一个经济学模型,是说在竞争性市场中,供给和需求的相对稀缺性决定了商品的价格和产量。

同样,一个人的薪资不是与其劳动强度和时间成正比,而是与其不可替代性相关。差异化才更有竞争力。很多人对现在的工作或事业不满意,却又不知道去做什么,就是因为没有清楚地认识到自己到底哪里是稀缺的,可以提供什么样的个性化产品或服务。

❷ 边际效用

很多人可能都听过"七个馒头"的故事。当你饥肠辘辘的时候,吃第一个馒头,会觉得很香,非常满足。接着吃第二个,可能会觉得很不错,到第三、第四、第五个的时候,馒头给你带来的额外满足感,就大大下降了。到第七个,馒头已经不能带给你任何满足感了。如果让你吃八个馒头,很可能会吃撑到,也就是满足感为负了。

注意,虽然这八个馒头的原料和生产工艺是一样的,但带给消费者的满足感,却完全不同。人对物品的欲望,会随着欲望的不断满足而递减。如果物品数量无限,欲望可以得到完全的满足,欲望强度就会递减到零,甚至为负。最后一个馒头能给你带来的额外满足感,就是边际效用。

什么是边际？什么是效用？

边际是经济学里的一个核心概念，简单讲就是"新增带来的新增"，比如新增加一个馒头，新增的满足感。如果新增加一个馒头，新增的满足感是减低的，称为边际递减，反之称为边际递增。所以，"边际"是一种重要的思考方式，是一种动态的思考方式，在和客户沟通的过程中，尤其是面对未来的事情进行沟通时，要学着用用边际的思维。

效用也是经济学中的一个概念，可以简单地理解为主观的一种感受，比如馒头的效用就是填饱肚子，附带着有很满足的感觉，会觉得馒头很香。这种主观的感觉就是效用。

边际效用是指每多消费一件商品带来的额外的满足感。这里的关键是多消费一件与额外的满足感。这个额外的满足感，是不断下降的。欲望被充分满足后，边际效用为零，商品就会免费。

维修服务接待中的增项处理，其实也是一个增加生意的思维。你不妨从边际的角度进行尝试，没准既提高了客户的效用，又增加了客单价。

❸ 机会成本

每个人在决策的时候都会权衡、取舍，最后做出一个有利于自己的决策。决策某种意义上讲也是一种选择，有选择就会有放弃。放弃了一个方案，也就放弃了这个方案所包含的可能带来的收益，也可以称之为放弃的代价，比如，选择吃米饭，就放弃了吃面条。这个放弃的代价，经济学中就称为机会成本。

对企业来说，最优方案的机会成本，就是次优方案可能带来的收益。

为什么要建立机会成本的思维呢？这是因为一个人不可能掌握所有的信息，加上认知水平和自我约束，其不可能穷尽所有的方案，即一个人的理性是有限的，所以在决策时，就有可能把较好的方案给放弃而选择了一个不好的方案。所以，我们可以从机会成本的角度帮助别人决策，对于自己的决策也要善于听取别人的意见和建议。

如何善用机会成本去思考？首先，要知道每一项选择，都有机会成本，天下没有免费的午餐；其次，要懂得计算机会成本，比如时间成本，替代方案的投资收益等；然后，通过权衡收益和包括机会成本在内的各项成本，做出理性的决策。

需要提醒的是，不是所有的事情都可以算作你的机会成本。在现阶段你能达到的情况下，效益最大的那件事才可以称作你当前选择的机会成本。你"有权利"放弃的，最后真的放弃的，才是你的机会成本。

机会成本这个概念，有2个关键：一是可实现的可能选择；二是选择取得的可能收益。比如,个人时间的运用,选择有很多,可以是工作、读书、旅行、游戏、看电影等。每一个选择都会有一定的收益,有的体现为货币现值,有的则着眼于将来发展,而有的则只能获得大脑的短期愉悦。所以,凡是选择就有成本,要清楚选择这个会得到什么,同时又会失去什么。有选择就会有放弃,有所得就会有所失去。这是一种重要的思考方式。

(四)维修服务接待的商业知识

企业是商业的主体,其核心目标是盈利,而盈利一定来自客户的购买,所以,如何获得客户持续的购买就成为企业的核心业务。企业要将客户的需求置于自己需求的前面,只有这样,才能更好地提升产品和服务的品质,也才能更好地获得客户的信赖。

$$企业销售收入 = 流量(市场) \times 转化率 \times 客单价 \times 购买次数$$
$$利润 = 收入(营业额) - 成本$$

所以,增加收入的方法就是要增加客户数、增加单个客户的客单价、增加单个客户的成交次数。而成本,则要考虑成本结构(固定成本与变动成本)、完善工作流程及效率提升、关注与客户触点的结果与效益。

对于汽车4S店的利润提升来说,则要注重以下三方面。

❶ **提升客户的进店转化率**

转化率的逻辑如图7-8所示。

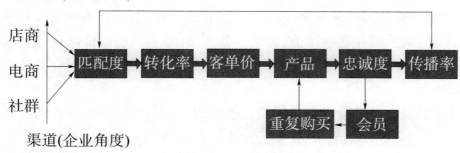

图7-8 转化率的逻辑

$$进店转化率 = \frac{实际进店客户数}{门店曝光总次数(品牌、门头VI、活动、氛围、业务)}$$

❷ **提升成交转化率**

$$进店后成交转化率 = \frac{进店成交客户数}{进店客户总数(环境、交流、价格)}$$

❸ 提升老客户转化率

$$老客户转化率 = \frac{二次成交客户（老客户）}{全部成交客户总数（及时回访、及时提醒、及时关怀）}$$

二 维修服务接待的职业生涯规划

（一）职业生涯规划概述

❶ 什么是职业生涯规划

职业生涯规划指一个人对其一生中所承担职务的相继历程的预期和计划，这个计划包括一个人的学习与成长目标及对一项职业和组织的生产性贡献和成就期望。个体的职业生涯规划并不是一个单纯的概念，它和个体所处的家庭以及社会存在密切的关系，并且要根据实际条件具体安排。因为未来的不确定性，职业生涯规划也需要确立适当的变通性。虽然是规划，也不是一成不变的。同时，职业规划也是个体的人生规划的主体部分。通俗地讲，职业生涯规划的意思就是：你打算选择什么样的行业、什么样的职业、什么样的组织，想达到什么样的成就，想过一种什么样的生活，如何通过你的学习与工作达到你的目标。

❷ 为何要进行个人职业生涯规划

做好职业生涯规划，可以分析自我，以既有的成就为基础，确立人生的方向，提供奋斗的策略；通过职业生涯规划，可以重新安排自己的职业生涯，突破生活的格线，塑造清新充实的自我；可以准确评价个人特点和强项，在职业竞争中发挥个人优势；可以评估个人目标和现状的差距，使前进有动力；可以准确定位职业方向，重新认识自身的价值并使其增值；通过自我评估，知道自己的优缺点，然后通过反思和学习，不断完善自己，使个人价值增值；全面了解自己，增强职业竞争力，发现新的职业机遇。

职业生涯规划通常建立在个体的人生规划上，因此，做好职业生涯规划，将个人生活、事业与家庭联系起来，让生活充实而有条理。

❸ 职业生涯规划的简单步骤

面试时主考官常常会问这样一个问题：如果你获得这个职位，你将如何开展工作？这就是你必须回答的一个简单的职业生涯规划内容。面对日益激烈的职场竞争，每个人都不得不面对这样的问题：我未来的路在哪？如何找到我满意的工作？所以，每个人其实都有潜移默化地在心里想过自己的职业规划。也许这只是一个很模糊的意识，只要通过问自己以下几个问题，职业生涯规划过程就明确了。

(1) 你是谁。首先问自己,你是什么样的人?这是自我分析过程。分析的内容包括个人的兴趣爱好、性格倾向、身体状况、教育背景、专长、过往经历和思维能力。经过这样的分析,可以对自己有个全面的了解。

(2) 你想要什么。这是目标展望过程,包括职业目标、收入目标、学习目标、名望期望和成就感。特别要注意的是学习目标,只有不断确立学习目标,才能不被激烈的竞争淘汰,才能不断超越自我,登上更高的职业高峰。

(3) 你能做什么。自己专业技能何在?最好能学以致用,发挥自己的专长,在学习过程中积累自己的专业相关知识技能。同时,个人工作经历也是一个重要的经验积累。

(4) 什么是你的职业支撑点。你具有哪些职业竞争能力以及你的各种资源和社会关系。个人、家庭、学校、社会的种种关系,这些都能够影响你的职业选择。

(5) 什么是最适合你的。行业和职位众多,待遇、名望、成就感和工作压力及劳累程度都不一样,哪个才是适合你的呢?选择最好的并不一定是合适的,选择合适的才是最好的。这就要根据前四个问题再回答这个问题。

(6) 你能够选择什么。通过前面的过程,你就能够做出一个简单的职业生涯规划了。机会偏爱有准备的人,你做好了你的职业生涯规划,为未来的职业做好了准备,当然比没有做准备的人机会更多。

4 职业生涯规划的基本原则

个人职业生涯规划设计应该遵守如下准则。

(1) 择己所爱。从事一项你所喜欢的工作,工作本身就能给你一种满足感,你的职业生涯也会从此变得妙趣横生。兴趣是最好的老师,是成功之母。调查表明:兴趣与成功概率有着明显的正相关性。在设计自己的职业生涯时,务必注意:考虑自己的特点,珍惜自己的兴趣,择己所爱,选择自己所喜欢的职业。

(2) 择己所长。任何职业都要求从业者掌握一定的技能,具备一定的能力条件。而一个人一生中不能将所有技能都全部掌握。所以,你必须在进行职业选择时择己所长,从而有利于发挥自己的优势。运用比较优势原理充分分析别人与自己,尽量选择冲突较少的优势行业。

(3) 择世所需。社会的需求不断演化着,旧的需求不断消失,新的需求不断产生,新的职业也不断产生。所以,在设计你自己的职业生涯时,一定要分析社会需求,择世所需。最重要的是,目光要长远,能够准确预测未来行业或者职业发展方向,再做出选择。所选职业不仅仅只考虑社会需求,并且这个需求要长久。

(4)择己所利。职业是个人谋生的手段,其目的在于追求个人幸福。所以,你在择业时,首先考虑的是自己的预期收益——个人幸福最大化。明智的选择是在由收入、社会地位、成就感和工作付出等变量组成的函数中找出一个最大值。这就是选择职业生涯中的收益最大化原则。

通过以上的简单步骤和原则,就可以进行职业生涯规划了。根据不同的情况,个人可以制订一个整体生涯规划,作为一个纲领性长期规划;或者制订一个3~5年的生涯规划,作为一种发展的中期规划;或者制订一个1年的生涯规划,作为一个可操作性强、变化较小的短期规划。有了规划生活就有了目标,就不会迷失前进的方向。尤其要注意的是,职业生涯规划是人生规划的主体部分,是同个人、家庭和社会生活结合在一起的,是和个人追求幸福生活密不可分的。所以,制订职业生涯规划,要和个人人生目标结合起来,要把职业生涯和家庭、社会生活结合起来。

5 职业生涯发展

(1)"外职业生涯发展"和"内职业生涯发展"。

外职业生涯指从事某种职业的时间、地点、单位、内容、职位、工资等外显的发展和变化(招式)。内职业生涯指从事某种职位时的知识、观念、技能、才干和资源等因素的发展和变化(内功)。

我们很容易看到一个人外功(成果、升迁)的飞跃,却很难看到内功(从哪里积累的知识,如何识别机会,怎样获取资源)的发展。内职业是外职业的前提,内职业生涯带动外职业生涯。

"先给后得"还是"先得再给"(图7-9)。你是否过多关注待遇:一个月多少钱?多久会涨工资?有员工宿舍吗?有免费WiFi吗?有带薪假期吗?还是更多地关注了个人成长;将来谁带我?与谁共事?有什么项目可以做?这个职位都需要什么能力?我能从哪里学到?

现实工作中,如果我们更多地关注了个人成长,就会抱着先给的态度,其结果就会得到很多;相反,如果我们过多关注个人待遇,总想着先得,到最后可能得到的很少。

当外职业生涯超前时,你会感到动力(微微超前),感到压力(超前一大截),感到无力应对(超前太多时),这种情况下你需要重新调整一下自己的外职业定位,或停下来提高内职业生涯。

单元七 维修服务接待的商业素养提升与职业发展

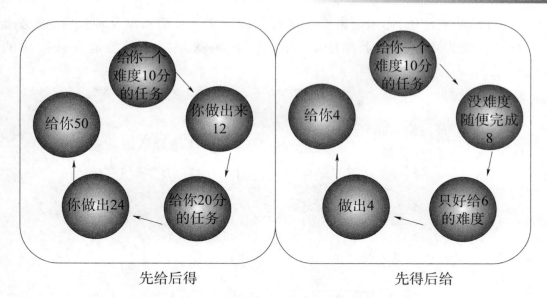

先给后得　　　　　　　　　先得后给

图 7-9 "先给后得"还是"先得再给"

当内职业生涯超前时,你会感到舒心(微微超前),感到虐心(超前一大截)(职业倦怠),应该动心(超前太多时),自我营销或动心换岗位或者职位。内职业生涯的套现往往会吸引来很多资源,而资源会重新导入内职业生涯,形成下一轮的职业发展高潮。

(2)职业生涯的三叶草。

职业生涯的发展需要兴趣、能力、价值的均衡发展。三者平衡地高速运转,才会有完美的职业,如果对职业失去了兴趣就会产生厌倦,能力不够时就会焦虑,没有价值感时就会感到失落。所以,当产生了厌倦就需要主动寻求变化,当因能力不足产生焦虑、无力感,就需要主动加强学习;当失落自卑,就要重新燃起自信,确立自我价值(图7-10)。

(3)个人能力提升。

任何能力都能分成:知识(我们知道和理解的东西,广度和深度是评价标准),技能(我们能操作和完成的技术,熟练程度是评价标准),才干(我们无意识使用的技能、品质和特质,有强烈的个人特色,无评价标准),我们称之为"能力三核"(图7-11)。

"能力三核"中,知识最容易习得。早期拼记忆力,后来拼阅读量,现在拼知识的搜索和独立思考。知识的竞争升级到技能层面。技能与知识的最大差别是:技能是以熟练不熟练为标准判断的;知识能学到,而技能只能习得;知识是瞬间的,知道与不知道之间几乎可以瞬间转变,技能则需要漫长的笨拙期——如果不接受自己笨的开始,你永远也不会学好任何技能。技能被反复地操练,就会进一步内化,成为才干。才干是自动、自发的能力,无须过脑子就能直接使用的技能。

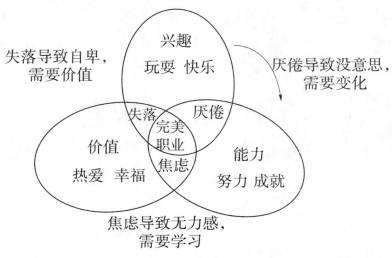

图 7-10　职业生涯的三叶草

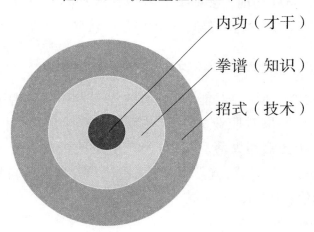

图 7-11　能力三核

知识是最没有迁移能力的,隔行如隔山,说的是知识的差距。技能则不同,大部分职业技能都由70%的通用技能(如运营、执行、营销、沟通、管理)和30%的专业技能组成。完全可以把以前学到的技能迁移到新的工作中使用,再加上新学习的技能,工作就能迅速上手。到了才干层面,职业之间的界限完全被打破。工作中培养的才干会蔓延到你生活中的每一个方面,你不想使用都不行。当下即道场,把经历炼成才干带走!认真做好当下的事情,总是有回报的。

"能力三核"中知识无法迁移,技能可在大部分职业中迁移,而才干则贯穿人的所有部分。越高度提纯,越内化。把知识炼成技能,使技能内化为才干,一通百通。

连点成线,功不唐捐。我们需要在每个阶段都全力投入,提高能力,遇到新的挑战再重新整合。

(二)汽车服务顾问的自我管理与成长

汽车服务顾问是一个充满压力和挫折的工作,服务顾问要善于提高自己的自我管理能力、抗压能力和抗挫折能力。其实成功还是失败完全取决于自己,首先要学会管理自己,把自己的一切管好了,你才有可能成为别人的主管。因此,做好自我管理是一件非常重要的事情,管理自我必须具有一种心态,就是善于克制自己。

❶ 自我管理的观念

管理不只是管理你的外在,应该真正地把你的心管好。要想成为一个业绩最好的人,或组织团队里的骨干,必须克服自己的缺点,养成良好的习惯。例如,外面下了很大的雨,就想"拿着雨伞能办得了什么事呢?那就干脆留在这里,或干脆在办公室整理文件。还好,我和客人都没有约会。"你这是在做自我推托,自我找接口,其实你内心是软弱的,不敢面对现实,你只知道回到你的舒适空间里。如何把软弱的心理变为坚强、改为积极?如何将懒惰的心理改为努力工作的心理,将贪玩的心理改成稍做休息的心理,将退缩的心理变成积极进取的心理,这就需要切实做好自我管理,真正把你的心管好。"能够完全占有自己的心,也就获得了世界上最可贵的珍宝。"这是美国著名的人际关系专家卡耐基的格言。改变应该从心开始,当你的心更上一层楼时,相信你的行动也一定会改变,而行动的改变会促进你习惯的改变,习惯改变了性格也会改变。告诉自己"我一定要成为这个组织里、团队里最棒的销售员。"改变你的心理,你的一切都将改变。

❷ 维持自我管理的自信

成功的先决条件就是自信,相信你的改变一定会让你有所成就。既然选择做一件事就一定要把事情做好,别人怎么说并不重要,重要的是我一定要把它做好。如果做不好就必须思考,不知道的应该设法去知道,不懂得的应该去请教他人,没有经验应该多做、重复几次或者请教那些有经验的人。凡事不可以想象得太难,必须具有自信才能解决问题。人的能力可以通过实践加强,自信是一切成功的基石。

不要给自己找理由。别人的业绩很好,你说因为他来很久了;别人的业绩很好,你会说他家比较近;别人业绩很好,你又说老板对他很欣赏……其实这些都是理由。要排除那种先入为主的感觉,你要改变你的思考方式,并且勇于向困难挑战。因此必须抛弃一意孤行,走出你舒适的空间,只有这样,你才会战胜自己。

❸ **重视经验的价值**

或许你时常会抱怨我们公司里的人都太古板,"他哪儿来的经验,还不是老掉牙的故事,他哪里知道我们现在的工作有多辛苦呀。"但有一点,你不可否认,至少你的上司、你的经理,他们的服务经验比你多,他们的服务经历比你长。试问,你被拒绝的经验有多少?你超越障碍的经验又怎么样呢?你要累积很多很多的经验,才有机会成为服务高手。每一次失败,都要当作迈向成功的台阶。爱迪生说过,"每失败一次我就觉得很兴奋,因为我离成功又接近了一步。"这就是经验的价值。

对于职场中的服务顾问来说,一个提升自我能力的有用法则是"721"法则。

(1)70%的经验和能力是在工作中获得的,要学会:

①从日常工作中提炼出可重复用的经验、教训、方法、逻辑、理论;

②日思周记,养成思考和记周记的习惯。同时,要善于进行项目"复盘",把经验提炼出来,变成知识,把方法保存下来,变成工具;

③要学会分享,讲给别人听。分享也是学习,学习最好的办法是教给别人。

(2)20%的知识和能力提升是通过向他人学习获得的,要学会下面的两条:

①要学会利用别人的日思、周记、"复盘",谦虚请教;

②请其他人分享,主动邀请别人分享他们的日思、周记和复盘,学会积累。

(3)10%的知识和能力是通过正式的培训获得的。要多参加企业组织的各种培训,将培训效果与工作成效进行结合,促进自身能力的提升。

❹ **重视健康第一的原则**

健康就是财富,一个好的服务顾问永远把身体健康状况摆在第一位。无论你头脑里面再有想法,内心的态度再积极,但没有健康的身体,也不会成为优秀的服务顾问。所以,你应该把健康状态调整到巅峰状态,而这种状态的维持其实是非常简单的事情。健康要诀:早睡早起,充足睡眠,愉快进餐,享受工作。

❺ **学会度过工作的低潮**

人有时会处于低潮,这是一个服务顾问应该时时刻刻警惕的。当自己处于低潮时,会觉得自己说的话很奇怪、障碍重重、自觉受委屈;会觉得工作乏味,做什么事儿都提不起劲来;当处于低潮时会自我价值否定,还有一种无缘无故的焦

单元七　维修服务接待的商业素养提升与职业发展

虑不安。这些都能够影响我们的情绪,怀疑自己的价值观,认为"是不是我真的不行?"

一个优秀的服务顾问,不会轻易陷入低潮,要把低潮看作是对自己的考验。要学习客观反省自己,"我真的很喜欢我的客户、公司及我销售的产品吗?"针对自身的问题,不断学习改进,克服低潮。

⑥ 汽车服务顾问常用的自我管理方法

人的一生始终离不开管理与被管理,尤其是服务顾问所面对的生存环境,所从事的工作,对于自身的管理尤为重要。以下几个方面是服务顾问进行自我管理的常用方法。

(1)时间管理。美国一调查机构通过分析得出结论,一个人一生之中真正运用到工作中的时间只有3.3年,当然分析有点苛求,但细思也不无道理。行程安排、日程安排能决定你的一天、一年、一生的工作效率,最终影响人生目标的达成。不会管理时间的人,只能被时间管理,最后也只能碌碌无为!

(2)笔记本管理。好记性不如烂笔头,想到的东西只有记录下来才能提高自己。古代人能用麻绳打结来记录一件事情,可见此项管理在生活工作中的重要性。笔记本管理可以涉及很多方面:今日工作总结、明日工作计划、财务支出状况、重要事件记录等。通过笔记本管理可以给自己一个平衡工作的支点和细化标准的平台,把想明白的事情写出来,随时记录自己在工作中的感悟和实践经验,可以很快地提升自己的工作能力。

(3)饮食起居管理。身体是革命的本钱!在如今高速发展的时代,每个人的工作压力都很大,尤其是汽车服务人员更需要一个强健的体魄,而保证健康身体的最主要的方法就是做好自身的饮食起居管理,这样才可能有最起码的营养供给、充足的睡眠,进而能保证思维的快速运转,提高工作效率。

(4)心态管理。心态决定一切!同样误入原始森林的两个人,积极的和消极的心态带来的结果截然相反,及时的心态调整将会使自己乐观、自信;相反,就会出现悲观、失望的情绪。汽车服务人员面对的情况是复杂的,因此要求汽车服务人员要善于进行心态的管理,做到积极的心态平衡,这样才能战无不胜,攻无不克!

(5)销售管理。销售管理承载着服务顾问的命运,其涵盖了所有自我管理的综合要素:市场管理、客户管理、财务管理、人员管理、公关关系、目标量设定和目标量达成等。

(6)自我形象管理。服务顾问在实际工作中一天乃至一小时所接触的人比正常人要多几倍、几十倍。服务顾问的自身形象、自身修养、举动、谈吐、行为将影响到店客户的多少,产品销售的数额;最重要的,服务顾问是一个企业最好的流动广告。为此,服务顾问在工作场合一定要注意自己的自我形象管理。

(7) 自我财务管理。一个企业考虑的是投资、效益、财务的收支平衡等。个人也是如此,私人财务的透支、节余、平衡能直接影响到工作心态、工作效率。精打细算是生意人的基础本领(服务顾问是标准的生意人),个人财务混乱,代表着你心态浮躁,缺乏规划,目标不明确。

(8) 目标管理。服务顾问往往是有目标导向的。每个服务顾问都会有销售任务和销售目标,每个人的目标也不尽相同,其中包括短期目标和长期目标,量化目标和质化目标。有的人追求薪水的满足,有的人追求职位的提升,有的人追求自我的提升等。不管怎样在目标管理,首先是目标的设定,不能盲目追求目标最大化,要考虑目标的可行性、可操作性。切合实际的目标设定是目标管理持续性的动力源泉。

(三)汽车服务顾问的职业规划

1 服务顾问的发展前景

(1) 从市场大环境的角度来说。4S店服务顾问是伴随着国家经济的发展而发展的,中国在2011年就已经超越了美国,成为全球最大的汽车市场。如此巨大的市场,其所产生的服务需求之大也是可以预想的。对于遍布全国的4S店来说,寻找优秀的服务顾问就显得尤为重要,随之而来的,则是汽车4S店服务顾问服务水平的提升和工资等各种福利待遇的提高,这又在某种程度上刺激着汽车的销售增长和服务需求的增加。

(2) 从职业缺口方面来说。据有关机构统计,随着汽车产业的发展,4S店服务顾问已成为仅次于销售顾问、维系汽车行业快速健康发展的最紧缺和最关键的资源,企业之间激烈抢夺优秀服务顾问的现象十分普遍。

(3) 从收入的角度来说。与人才的稀缺相对应的则是薪金的不断提高,对4S店来说,唯有用丰厚的薪水作为招牌,才能吸引住优秀的4S店服务顾问。我们知道,现阶段4S店服务顾问的收入是采取底薪加提成的模式,根据个人能力的不同,收入集中在2000~10000元,初级顾问的收入一般在2000元左右,高级顾问则可达到10000元以上。

(4) 从升迁的角度来看。很多企业直接从4S店中选拔其管理人员,而4S店服务顾问由于职业的敏感性与特殊性,自然就成为企业的首选,这是符合很多企

单元七 维修服务接待的商业素养提升与职业发展

业从基层中选拔人才的原则的。所以只要努力去奋斗,争取成为高级的服务顾问,就有机会进入公司的管理层,这对于很多人来说真的是无法抗拒的诱惑。

❷ 服务顾问职业发展的内在因素

服务顾问要在以下三方面下功夫,提升自己的综合素养,助推自己的职业发展。

(1)价值观。服务顾问的责任感、诚信、忠诚、工作主动性是职业发展和晋升的原动力。

(2)行为能力。服务顾问的人际沟通、团队合作、服务销售、严谨细致、客户导向、故障诊断、观察力、组织协调、冲突应变、持续学习、培养下属的意识和行为能力是职业发展和晋升的助推力。

(3)知识技能。服务顾问的标准与流程知识、汽车理论知识、产品与备件知识、维修工艺流程、业务知识(预检、问诊/备件价格/工时费)、电脑操作及汽车英语、专用工具的使用和技能是职业发展的重要保障。

❸ 服务顾问的晋级

目前,经销商的服务人员中普遍对服务顾问建立了一个四级的专业序列,分别为:首席服务顾问、资深服务顾问、服务顾问、助理服务顾问。

(1)助理服务顾问。对服务所需的工作知识有初步的了解,具备至少1年以上的汽车故障预见与问诊经验,能够接车并进行初步诊断,能够解决初步的汽车维修问题;需要在顾问或资深顾问的指导下开展工作。

(2)服务顾问。掌握服务的基本技能,能够独立接车并进行全面诊断,能够解决一般的汽车维修问题;具备基本的管理技能,并能独立领导维修小组开展工作;需要具备1年以上的汽车服务经验;对服务所需的工作知识有初步的了解。

(3)资深服务顾问。是服务的一个或几个领域的资深专家;能够向普通服务人员提供多方面的指导;能够带领维修小组解决本领域复杂而困难的问题,并能够协调其他小组的资源;需具备3~5年的汽车服务经验;能够全面地对其他服务顾问的能力和技能提供指导;能够全面协调服务部及公司资源,解决重大服务维修问题;能够开发和指引本经销商在服务领域的技术发展方向;需具备6~7年的汽车服务经验。

(4)首席服务顾问。是公司内部在服务方面公认的专家,可以被认为是代表整个经销商网络的高标准水平;在服务营销、客户沟通和客户关系管理、维修技能、产品知识等各方面,均具有广泛而深入的知识。

一般来讲,服务顾问的职业发展有两个方向:一个是向高度方向发展,逐渐走向管理和领导岗位;另一个是向深度方向发展,逐渐走向技术能手和专家领域。不管向哪个方向发展,以中国目前的汽车市场发展来看,汽车服务顾问都是一个不错的职业选择。

单元小结

本单元通过对个人与团队的描述、服务顾问职业生涯发展的探讨,指出个人与团队的关系,个人在团队中的发展途径,为服务顾问职业生涯的更好发展提供了具体的建议和辅导。

思考与练习

一、填空题

1. 职场需要过硬的_____、科学的_____、合理的_____、有效的_____、善于_____的能力。

2. 服务顾问的知识技能包括_____知识、汽车理论知识、_____知识、维修工艺流程、业务知识(预检、问诊/备件价格/工时费)、_____操作及汽车英语、_____的使用和技能是职业发展的重要保障。

二、判断题

1. 当外职业生涯微微超前时,你会感到动力。（ ）
2. 当外职业生涯超前一大截时,你会感到压力。（ ）
3. 当内职业生涯微微超前时,你会感到舒心。（ ）
4. 当内职业生涯超前一大截时,你会感到职业倦怠。（ ）

三、简答题

1. 简要说明如何利用边际效用的思维与客户沟通。
2. 简要说明如何利用机会成本的思维与客户沟通。
3. 简单描述内外职业生涯的概念。
4. 简单说明服务顾问的职业发展途径。